李继美　黄尤林　主编

# 厚激薄发　智教慧学

——"激发课堂"的蚕丛实践

云南人民出版社

图书在版编目（CIP）数据

厚激薄发　智教慧学："激发课堂"的蚕丛实践 /
李继美，黄尤林主编. -- 昆明：云南人民出版社，
2024.1

ISBN 978-7-222-22592-3

Ⅰ.①厚… Ⅱ.①李… ②黄… Ⅲ.①课堂教学—教学研究—小学 Ⅳ.①G622.421

中国国家版本馆 CIP 数据核字（2024）第 010115 号

责任编辑：马跃武
责任校对：柳云龙
装帧设计：蓓蕾文化
责任印制：代隆参

# 厚激薄发　智教慧学——"激发课堂"的蚕丛实践
HOU JI BO FA　ZHI JIAO HUI XUE: JIFA KETANG DE CANCONG SHIJIAN

李继美　黄尤林　主编

| | |
|---|---|
| 出版 | 云南人民出版社 |
| 发行 | 云南人民出版社 |
| 社址 | 昆明市环城西路 609 号 |
| 邮编 | 650034 |
| 网址 | www.ynpph.com.cn |
| E-mail | ynrms@sina.com |
| 开本 | 720mm×1010mm　1/16 |
| 印张 | 14 |
| 字数 | 220 千 |
| 版次 | 2024 年 1 月第 1 版第 1 次印刷 |
| 印刷 | 成都新恒川印务有限公司 |
| 书号 | ISBN 978-7-222-22592-3 |
| 定价 | 68.00 元 |

如有图书质量及相关问题请与我社联系
印制科电话：0871-64191534

云南人民出版社微信公众号

# 编委会

主　　编：李继美　黄尤林
副 主 编：胡　月
编　　委：柳　黎　陈昱蓓　左　芸　罗　斐
　　　　　李启嘉　潘　静　赖凤林　熊　君
　　　　　杨倩云　应冰琪　杨　慧　李鹏源
　　　　　黄　欢　李增林

# 内 容 导 读

针对传统课堂存在的被动学习、浅表学习、虚假学习甚至无效学习现象，学校确立"以理念补经验""以团队抵精英"的发展理念，厚"激"薄发，追求"头""手""心"合一，在课堂教学实践中以"三课三单"领悟教育的真谛与美好，体验课堂快乐，提升课堂品质，彰显课堂特色，实现智教慧学。

课题组针对自主学习呈现的动力不足、机会不多、方法不力、品质不优等问题，深度解读"激发课堂"内涵，构建"激发课堂"范式，打磨"激发课堂"课例，探索"激发课堂"评价标准，提升"激发课堂"品质，让学生经历快乐、自主、合作、探究、智慧的生长课堂，踏上了课堂转型的实践变革路径。

通过四年实践研究，"激发课堂"从知识本位的教学转向素养本位的教学，从表层学习走向深度学习。课堂结构成功转型：建立新型和谐的关系，促进学习方式的转变，促进学导方式的变革。学生素养得到发展：学习状态由"被动"变为"主动"；学业水平由"困境"走向"新生"；学习课程从"单一"走向"多元"；课堂品质从"低端"步入"高端"。教师技能得到成长：在上课比赛中获得成绩；在论文发表后获得成就；在职称评定上获得成果；在教学实绩上获得成效。课堂特色得到彰显：回归"激发课堂"的原点，确定"激发课堂"的变革方向，探寻"激发课堂"的变革路径。

# 基于深度学习的"激发课堂"实践样态（代序）

2018年9月建校的成都市新都区蚕丛路小学校，是新都区第三批现代制度试点学校，我有幸成为学校的指导专家，见证了学校的蝶变过程。学校开发"预学单、共学单、拓学单"工具，构建"六度评价"体系，在"预课堂、主课堂、拓课堂"里深耕，以课程开发提速，以课堂改革提效，以课题研究提质，以创新评价护航，成为新都区教学质量先进单位、成都市教育科研先进单位、四川省第二批高品质试验学校。这些成就并非偶然，努力追求基于深度学习的"激发课堂"实践样态。

## 一、回到课堂原点

以"幸福教育"为教育理念，践行朱永新教授倡导的"新教育"实验，坚定"过一种幸福完整的教育生活"愿景，将"构筑理想课堂"校本化为"构建'激发课堂'"，在"双新""双减"背景下，牵好教学关系这个牛鼻子，真正实现学为中心的变"教"为"学"，不断进行四大追问：谁在学习？（学生的主体状态如何？）学习什么？（学习的内容形态如何？）如何学习？（学习的活动样态如何？）学得如何？（学习的发展质态如何？）化教为学，改变"教"的供给侧，改变"学"的需求侧；教给学生自己学的方法，形成学生自己学的能力，真正实现"学""教""评"一体化！通过课堂培养愿"终身学习"、会"终身学习"的人，即"自我教育"的人。

## 二、破解课堂矛盾

"激发课堂"高效利用 40 分钟这个常量，探索出预课堂 10 分钟，主课堂 20 分钟，拓课堂 10 分钟的黄金分割方案，有效破解课堂四大矛盾。

一是目标"少而精"。"弱水三千，只取一瓢"，教师教得少，学生吸取到的是最为精华和最有营养的部分。

二是"小而大"。教师教给学生的只是小事物和小知识，学生领悟到的是背后的大道理和大智慧。

三是"多而合"。在有限的时空条件下，虽然教师为学生打开了多个方面的学习内容和学习过程，但是所有方面的学习内容和学习过程又是一个有机融合体。

四是"快而好"。在有限的时空条件下，教师不仅能够实现学生的高效率学习，而且能够促成学生多方面素养的同时发展和整体生成，进而让学生发展出能够应对现实世界和复杂情境的广泛适应力。

## 三、彰显课堂特质

传统课堂主要存在四个缺乏，一是缺乏激励性：学生积极情绪得不到有效激发，参与欲望低；二是缺乏主动性：学生真实需求得不到尊重，被动学习，不愿思考，不会质疑，全盘接受；三是缺乏对话性：以"教师"为中心，一问一答，机械重复，评价单一，没有知识生成过程，出现"虚假学习"甚至"无效学习"；四是缺乏协同性，学生合作学习、探究学习少、假、无效。优等生"吃不饱"，中等生"化不了"，学困生"跟不上"。

"激发课堂"以学生为主体，以教师为主导，以思维为原点、以流程为主线，以"激"（激发预学、激活展学、激励评学）与"教师"发展对接，注重学生情感、态度、价值观的引领与培养，发掘学生终身学习的原动力；以"发"（发现问题、发掘潜能、发展素养）与"学生"成长对接，注重学生情绪、思维、学习习惯等引领与建构。通过"激"与"发"，推动学生自主学习，主动发展，主动探索，以深度求品质的课堂和以融合促发展的课堂。

毛毛虫的化茧成蝶艰辛痛苦，终将华丽蜕变；"激发课堂"由"困境"走向"新生"，一路蹒跚砥砺前行，彻底转变教学理念，理性变革教学行为，一切都为提升孩子们的核心素养，为构建"激"与"发"有机整合的乐学课堂、主体课堂、生长课堂、协同课堂而奋斗，为学生"终身学习"，幸福生活奠基的课堂而奋斗。

这所不满5岁的年轻学校，这支平均年龄27岁的教师队伍，充满生命的激情与活力，继续追问"激"与"发"，追寻"智"与"慧"，实现厚"激"薄发，智教慧学。衷心祝愿蚕丛路小学全体师生在"激发课堂"的百花园里不断深耕，每天开出一朵花！

李松林<br>
2023年3月28日

(作者系四川师范大学教育科学学院院长、教授、博士生导师)

# 目　录

〔工作报告〕

以"激发课堂"实现"脱困"与"新生"/ 李继美 001

〔成果报告〕

厚激薄发　智教慧学
——基于深度学习的"激发课堂"实践样态 / 黄尤林　胡　月 016

〔分报告〕

基于深度学习的语文"激发课堂"成果报告 / 蚕丛路小学语文课题组 027
基于深度学习的"激发课堂"数学成果报告 / 蚕丛路小学数学组 071
基于深度学习的"激发课堂"综合学科成果报告 / 蚕丛路小学综合学科课题组 091
基于深度学习的"激发课堂"艺术学科成果报告 / 蚕丛路小学艺术项目组 106
基于深度学习的"激发课堂"体育成果报告 / 蚕丛路小学体育项目组 109

〔教学设计〕

借境引思考　以悟促成长

　　——统编教材六年级下册第五单元课文《学弈》文本解读

　　　／袁丽芳 115

探寻"声韵"之美　诗意解读语文

　　——以统编教材四年级下册第一单元课文《三月桃花水》为例

　　　／李继美 120

《京剧体验与脸谱装饰》教学设计／杨圆圆　刘　航 126

《星光恰恰恰》教学设计／李晟婷 131

《会跳舞的线条》教学设计／刘怡蕾　肖　健 134

《Scratch 神奇魔法——小猫百米跑》教学设计／黄　欢 137

〔教学论文〕

小学数学"预·主·拓"课堂模式实践研究

　　——以综合实践课《密铺》为例／左　芸　许　晨 141

数学思想方法结构化促学生深度学习

　　——"双减"背景下行之有效的教学策略／罗　斐 146

小学生"量感"发展现状与培养策略研究／应冰琪 152

情境教学法让科学课"活"起来／周　彤 157

巧制农具模型　演绎农耕文明

　　——融合劳动教育的小学综合实践活动案例／贺　鑫　李鹏源 162

基于 6E 教学模式的小学 STEM 课程设计与实施

　　——以"企鹅小屋"为例／陈星宇 168

基于STEM教育理念下的机器人教学实践探究
　　——以《智能防撞小车》为例 / 黄　欢 174
让思维之花在绘本深度阅读中绽放
　　——以执教《多维阅读》第3级 *Crazy Cat* 为例 / 潘　静 183

〔成果推广〕

蚕丛路小学成果推广一览 / 190

〔附录〕/ 193

追问"激"与"发"　追寻"智"与"慧"
　　——"激发课堂"的未来朝向（代后记）/ 李继美 201

# 工作报告

## 以"激发课堂"实现"脱困"与"新生"

蚕丛路小学校校长　李继美

2020年9月,"学为中心理念下的'激发课堂'实践与研究"(课题编号:XDJK20006)由新都区教育局确定为规划课题,2020年12月,到校的督导专家为成都市新都区蚕丛路小学校(以下简称蚕丛路小学)创新创优项目"激发课堂"提出了宝贵意见,课题组认真听取专家意见后,对"激发课堂"进行了迭代升级,经历了价值体认、模式建构、反思总结、评价改革等阶段成果梳理,总结出"学为中心""深度学习""五育融合"的"激发课堂"实施路径,阶段研究成果3次获得新都区教育局和教科院一等奖,2022年10月,经过专家组的反复论证鉴定后顺利结题。

课题组从"是什么?""为什么?""怎么做?""做得怎么样?"等方面多方求证,反复追问,不断总结提炼,把践行"激发课堂"作为国家课程校本化实施的重要载体,使蚕丛路小学课堂实现"脱困"与"新生",以"预学单、共学单、拓学单"为工具,实施"预课堂、主课堂、拓课堂"的深度变革,让"智教慧学"变成现实。

### 一、思辨:基于深度学习的"激发课堂"新在何处

传统课堂普遍存在"缺乏情感的体验、思维的碰撞与智慧的刺激;缺乏深切的体验、深入的思考、渗透的理解和深远的影响;缺乏内涵与品质。总之,缺乏深度。"(李松林院长语)"激发课堂"针对传统课堂的痛点和堵点问题,聘请四川师范大学教育科学学院院长李松林为课题顾问,将深度学习植入"激发课堂"进行深度实践,探索出"预课堂、主课堂、拓课堂"3种课

型，以"预学单、共学单、拓学单"为工具，促进学生核心素养提升。

**(一) 基于整体视角的实践推进策略**

1. 整体规划，分步实施

制定"激发课堂"改革三年计划，以"学为中心"的"激发课堂"课题研究促课堂改革，整体推进，聚焦重点，分步实施。

2. 管理要素，整体联动

学校治理紧紧围绕"课堂变革"整体联动，如教师培养课程的设计、学术组织架构的变化、教学研究的跟进、教师评价都围绕"激发课堂"变革这个中心工作推进。

3. 全科全员，整体推进

10门国家学科课程及地方和校本三级课程，以及拓展课程活动课程，包含延时服务和周末托管课程，所有涉及教师，整体推进"激发课堂"教学，全学科、全体教师、全时段实施"激发课堂"教学改革。

**(二) 基于管理视角的实践推进策略**

1. 构建"三级联动"的组织框架

（1）学术专家组：高端引领，提炼成果

聘请李松林院长为学术指导专家，推动课堂教学深度改革，成立"激发课堂"研究小组，发展与研究中心专设科研管理员1名，语文、数学各设低段、中段、高段科研管理员1名，综合、艺体各设科研管理员1名。对"激发课堂"进行高端引领，提炼研究成果。

（2）学术行政组：跟踪指导，保证链接

建立行政"包学科"制度，行政干部学透课程标准，吃透"激发课堂"主张，下沉到学科，参与教研，跟踪指导，保证理论与实践链接。

（3）学术团队：寻求策略，实践改进

大力推进"激发课堂"教学研究学术化建设，教研组按"激发课堂"推进方案，针对问题，聚焦重点，进行共读、共写、共研，寻求策略，改进实践。

2. 建立"三位一体"参与机制

（1）建立全员学习机制

实施全员"共读共写共研"行动。研读课堂改革书籍，研究课标、教材、学生，聆听经典课改讲座，观摩经典课例，将学习所得写在钉钉圈，与大家共享。

（2）健全常规实践机制

各学科备课组整体规划，提前做好"激发课堂"独立备课和集体备课工作，建立"激发课堂"研修共同体，人人参与日常"磨课"+"约课上课"+"观课议课"+"展课推课"机制；教师根据不同成长期，选择组内师生成长课、校内优秀汇报课、区级精品展示课三级课例，主动邀请分管行政参与观课议课。研讨课涵盖各类课型，包含拓展课程、活动课、延时服务和周末托管课程。定人、定时、定主题，及时总结提炼"激发课堂"教学经验并定向推广。

（3）优化调研评价机制

以主动成长为导向，变考核为调研。赋能教师，成立教师调研评价小组，每位教师都是调研评价者。定期对全体教师从课改态度、常规教学、学生活动、质量检测、课改反思、创新创优等方面展开调研，撰写调研报告，报告需遴选优秀教学案例，总结提炼推广成果，对存在问题进行聚焦，为下一轮学习实践研究做准备，调研评价数据作为教师绩效基础数据。

3. 建立"三段提炼"成果演进机制

根据"激发课堂"教学思想主张，结合教师特点、学科特点、课型特点，创造出"激发课堂"不同模式变式，再在此基础上，提炼出"激发课堂"共同策略方法。

**(三) 基于学术视角的实践推进策略**

1. 行动研究路径

形成"问题—归因—改进"的行动研究路径。各教师共同体在学校总课题框架下，对"激发课堂"子课题进行深度研究。引领日常教学发现问题，聚焦问题，校本教研分析研讨解决问题，教研后改进实践。

2. 成果形成路径

形成"呈现—固化—推广"的成果形成路径。通过"约课上课"+"观课议课"机制进行成果呈现，通过心得体会、论文撰写方式进行成果固化，通过示范课例、学术论坛方式进行成果推广。

"激发课堂"由"预课堂、主课堂、拓课堂"组成，对应的学习工具是"预学单""共学单"和"拓学单"。对应的教师"激扬策略"分为：一、诊断学情—精准目标，二、激励对话—助力建构，三、整合资源—指导实践，指向激扬学生积极动机和情感；对应的学生"发展素养"分为：一、独立学习一发现问题，二、对话建构—发展思维，三、综合实践—应用评价，指向发展思维和元认知，为终身学习奠基。

（1）"预课堂"的实施

以"预学单"为主要学习工具。教师首先钻研课标、深研教材和学情，精准预设教学目标，然后精心设计大单元理念下的"预学单"，"预学单"的特色是预学内容覆盖全部学习目标。学生在"预课堂"预学是可贵的独立学习过程，发现自己具有的自学才能，养成独立学习能力，也发现不能解决的真实问题，为教师诊断学情，精准设定教学目标提供依据，为实现"真学真教"铺路。

（2）"主课堂"的实施

以"共学单"为主要学习工具。教师在诊断学情、定准目标的前提下，聚焦学生真实问题，在"预学单"基础上精心设计主课堂的"学力单"，"学力单"的特色是激励引导学生自主建构，学习知识，发展思维。学生围绕"学力单"开展小组合作学习，在对话建构中发展学生思维，注重全面训练学生的思维深度、广度、敏捷度、批判性、系统性等，使学生思维协调发展。在发展学生的学科核心素养的同时，重视五育融合，以达成整体育人目标。

（3）"拓课堂"的实施

以"拓学单"为主要学习工具。在主课堂学生对话建构新知基础上，教师整合资源精心设计开发"拓学单"，"拓学单"的特色是紧密联系学生生活，指向解决问题。"拓学单"以综合实践活动本身的魅力，激发学生探究实践的动机。学生通过综合实践活动，在与教师和同伴一起不断解决问题的过程中，获得真正的知识建构、社会参与、自主发展等核心素养的提升。

"预学单""共学单""拓学单"都配套设计了学习评价工具，学生在长期使用学习单的过程中，能培养自我监测、自我评价、自我调控的好习惯，形成元认知，为"终身学习"奠基。

3.评价实施路径

（1）以"过程评价"促进学生主动学习

"激发课堂"尤其注重评价学生的学习兴趣是否浓厚？求知欲望是否强烈？学生的学习力、创造力、表达力等关键能力是否得到彰显？促进学生发现问题、发掘潜能、发挥优势、发展素养，实现愿意学→主动学→深度学→创新学的目标。

（2）以"发展评价"引领教师主动成长

"激发课堂"的评价主体是由全校 16 个教师发展共同体中的"激发课堂"团队担任，对教师的激发欲望、激活潜能、激荡思维、激励评价分别给予发展性评价，目的不在评价分数的高低，而在于基于发展的"1（一个优势）+1（一点不足）+1（一项策略）"评价，重点关注教师的成长进程。

（3）以"教学研究"确保课堂质量提升

"激发课堂"注重"四备""三思"。"四备"指"个人构思""集体备课""修改个案""先听后上"四次备课；"三思"指"集备交流""教学后记""课例提升"三次反思。从成功中提炼生长点，从问题中收集研究点，寻觅支撑点，寻求突破点，保障教学研究的真实发生，有效促进教师的专业发展，保证"激发课堂"行动研究的质量。

（4）以"教学管理"促进教师加速成长

学校采取"包年级、包学科"负责制，对分管学科教师的"激发课堂"予以全程跟踪指导，将跟踪情况反馈课程与教学中心统筹，定期邀请成都大学教授或教研培中心专家定期到校视导课堂，做到"问题说透""策略给够"，使新教师近距离对话专家，零距离接受指导，提升新教师的"激发课堂"操作技能。

## 二、行动：基于深度学习的"激发课堂"优在哪里

### （一）在对标和追问中形成"课改共识"

习近平总书记多次强调，"为党育人、为国育才"，"要坚持把立德树人作为根本任务"。教育部颁布新版《义务教育课程方案和课程标准（2022 年版）》。新方案明确了培养"有理想、有本领、有担当"的时代新人育人目标。并明确指出：要"聚焦中国学生发展核心素养，培养学生适应未来发展的正确价值观、必备品格和关键能力，引导学生明确人生发展方向，成长为德智体美劳全面发展的社会主义建设者和接班人。"课堂，是培养学生核心素养的主阵地，必须聚力构筑好今日之课堂。

1. 提炼"核心价值"

我们的"激发课堂"价值理念体系主要由一个核心、三重境界、三个视角构成。"一个核心"指向育人理念。即学为中心，真学真教：一切为了学生，全面发展学生；让学生站在课堂中央，让学习成为课堂主线，教为学服

务。"三重境界"指向课堂目标。即落实有效教学框架，结构保底，自主学习，保障"学习性质量"；发掘知识本身的伟大魅力，合作探究，着眼"发展性质量"；实现知识、生活和生命的深刻共鸣，教学相长，提升"生命性质量"。"三个视角"指向课堂评价。即育人理念、激发策略和学习质量。

"激发课堂"就是蚕丛路小学构筑的"理想课堂"，不断迭代完善，初步形成成果。基本主张："激"积极动机和情感，"发"元认知和核心素养，使学生获得终身学习、适应未来的素养。

2. 组建"三级团队"

（1）学术团队

聘请李松林院长为指导专家，推动课堂教学深度改革，成立"激发课堂"研究小组，发展与研究中心专设科研管理员1名，语文、数学各设低段、中段、高段科研管理员1名，综合、艺体各设科研管理员1名，每个年级组各设1名学科组长，挖掘"激发课堂"亮点，梳理问题，寻求策略，彰显特色。

（2）行政团队

高度重视"激发课堂"深度改革，由校长挂帅成立领衔小组，课程与教学中心胡月主任牵头组成实施小组，发展与研究中心黄尤林率领科研管理员组成"激发课堂"研究小组，高质量完成本项工作。

（3）学科团队

强化深度学习的推进力度，实现课堂深度变革。以刘怀菊、李鹏源、杨倩云、熊君组成"激发课堂"学科推进团队，分别对对应学科予以指导、诊断、总结，发现学科亮点，不断总结经验。

3. 凝聚"学科共识"

（1）建立全员学习机制

在全体教师中开展"富脑工程"，认真学习课改理论文章，不断研究课堂，研究学生，真正实现减负增效，真正使课堂成为高效课堂，组织人员编辑课改理论学习集，教师也要开展自学。通过学习来提高教师的思想观念，转变教师的思想意识，使教师能够认识到课改工作的重要性，自觉地参加课改。通过学习要加强对学生的研究，要在培养学生良好习惯上下功夫，学生的好习惯是课改得以成功的有效保证。

（2）建立跟踪实践机制

包年级的行政要经常性深入课堂进行观课，课改之初一个月听课不少于

30节。观课主要看教师对课改的执行情况,课堂上学生学的情况、练的情况,检验课堂教学效果。对于课堂教学效率低,没有按照学校课改精神上课的教师要进行约谈,并再次深入听课,使其走上课改轨道上来。学校要定期通报听课情况,及时总结观课的经验,在全校推广。

(3)建立监督评价机制

出台课堂教学改革监督、评价机制。主要从以下几个方面进行监督评价:一是教师参与课改的态度,二是教师课堂教学情况,三是教师学习参加活动情况,四是学生抽测、质量检测情况,五是教师对课改的反思改进情况,六是统考学科教师成绩达标情况。对于课改考评不达标的教师,不评优,缓晋级。出台课堂教学改革奖励机制,评选课改先进个人若干名。课改先进个人证书与系统证书一同对待。评选学科优秀教师。学科优秀教师必须有自己的课堂教学模式,并且能够在全校进行推广,课堂教学质量好,学生成绩高。评选课改优秀课例,教学设计。召开课改工作经验交流会,课改工作展示会。对课改工作做出突出贡献的领导、教师进行表彰奖励。学校将每年拿出一定的经费用于课堂教学改革工作。

(二)在传承和变革中创新"教研范式"

以课堂学习方式变革为中心,以改备课、改议课为支撑,通过整体变革、系统变革,从育人理念、教学流程、教学策略、学习质量等四个方面回应核心素养落地落实的问题。

1. 改革备课,导向生本

基于对"充满人文情怀,闪耀智慧光芒,洋溢成长气息"的生本课堂的追寻,我们创新备课模式,中年教师规范批注式备课,青年教师用好活页式备课,创新设计"激发课堂"有效教学框架专用备课模板。目标求简,依据"激发课堂"三重境界对每节课设定三级目标。结构求简,依据3+4学科课堂模型备好预学、共学和拓学的流程设计,突出"学习活动"的设计。

2. 完善"集备",提升质量

"三微"集体备课模式形成常态。"微话题"研讨,侧重于当前教育教学的热点和难点;"微主题"研修,侧重于系统化的新课标学习;"微课堂"研磨,侧重于公开课、研究课的评课、诊断和改进。

3. 创新议课,倒逼变革

创新议课从研究课堂现场开始,我们邀请成都大学教育科学学院陈大伟教授莅临学校做"如何观课议课"专题引领，提升观课议课的针对性、诊断性和专业性。研制了"激发课堂"观课记录本，创新设计了"'激发课堂'观课议课量表"，引领老师们从目标设计、课堂结构、实施策略、教育教学观和现场生成五个视角观察教师的教学行为；从整合度、亲和度、参与度、自由度、延展度和练习度观察学生的学习样态及效果，获得第一手研究资料后，开展分级评课交流。组内人人议，学科组组谈，代表集中评。创新观课议课模式，务实评议交流，倒逼课堂变革。

### （三）在深耕和打磨中建构"激发课堂"

1. 底线有守，课有定则

"课有定则，训练有素"是"激发课堂"的"魅力"。这种魅力，表现在：起坐规整，倾听专注，读写有样，合作自由，表达清晰，举手投足合标尺。孩子们心中有尺子，行为有约束，课堂有敬畏。

2. 标杆引领，打造范本

以"生本"导向，以教研组为单位探寻"激发课堂"模式："预学单+共学单+拓学单"，工具清晰，结构简明；"独学+对学+组学+群学"，环节紧凑，环环相扣。组建"1+1+N"研究团队攻坚，开展小组研磨，创建"标杆课堂"。组建"1+1+N"骨干建模团队，对各教研组的课例深耕细作，及时总结推广，思维主线，任务驱动，结构化课堂，建构"激发课堂"板块式结构。

3. 分批达标，有序验收

对已达到"激发课堂"要求的课例，各教研组向发展与研究中心申请，组织验收。按学校"激发课堂"模式的建构，从教师"五个视角"和学生"六个维度"来观课和验收。以中青年教师为主体的"我的课堂模型"研究活动，完成各学科的"范式+变式"的模板验收。2022年10月，基本完成对各成员校主要学科逐一验收过关。

### （四）在实践与反思中深化"激发课堂"

1. "五步"研课模式

持续推进"每周一研"，以备课组为单位，围绕一主题、一课题运用"五步研课法"完成研课。第一，独立备课：组内提前一个月进行个人备课；第二，集体辩课：每位教师都制作好上课的PPT并说课，然后大家在此基础上辩课，形成二稿；第三，抽签上课：行政人员组织抽签，确定一个教师进行第一次公开执教；第四，公开执教：全校教师参与听课，学科组教师在此基础上再辩课，再次抽签确定第二轮上课的教师；第五，叙事聊课：由研究组内其他教师讲述研课过程中的故事，说说一起经历的困惑、争辩、否定、反思、收获等。这样的研课模式让全体教师一起卷入，在毫无保留的研讨中，相互学习，共同成长。

2. "三跟进"磨课模式

结合自己的教学实际、理论学习与教学研讨，及时修改前置性学习设计，加以搜集整理，汇编成册，积极撰写教学论文与随笔，针对问题及时思考改进策略。

（1）行政跟进——聚焦问题

为确保新教师站住讲台，一级导师团队全过程全覆盖进行无缝跟踪，李继美校长跟踪一年级1—8班语文；黄尤林跟踪一年级9、10班，二至五年级语文；胡月跟踪一至五年级数学；陈燕跟踪所有综合科及所有班主任班级管理；曾滔跟踪全校体育；跟踪全校美术。以课堂观察为基础，通过"常态课"教学诊断活动，了解和掌握教师"常态课"的教学现状，发现小问题立即支招整改，发现共性问题反馈至发展与研究中心，从成功经验中提炼生长点，从问题诊断中收集研究点，形成教研主题，帮助和引领年轻教师寻觅教学实践的支撑点，从课堂问题中寻求突破点，确保新教师在正确的航向上前行。

（2）组内跟进——梳理问题

在集体备课基础上试教，学科组的全体教师跟踪观课，结束后，首先由执教者作教后反思，观课老师按照"1（一个亮点）+1（一项不足）+1（一条建议）"模式进行议课，最后由组长预告第二次试教活动跟进的时间及要解决的新问题。试教老师梳理学科组意见进行个人反刍，形成二次教案，第二次试教过程中，邀请二级导师参与课堂跟踪指导，上完课后，全组教师再次展开研讨，对试教教师生本课堂教学中的目标达成度等进行交流，最后由教学与课程中心主任胡月、黄尤林分别作点评并指导，提出第三次试教中应处理好的问题，每位参与教师写教学反思，提高理性认识水平。

（3）专家跟进——解决问题

试教老师梳理意见形成第三次教案，全组教师再次对教学设计进行研讨定稿后，向发展与研究中心提出专家指导申请，学校邀请专家定期到校进行课堂视导，发现并解决视导过程中存在的问题，做到"问题说透""策略给够"，与专家们深度对话，近距离感受专家风采，零距离接受专家指导，促进新教师加速成长。

"连环跟进"研修平台，真正提高了校本教研活动的质量，使"研"的氛围日趋浓厚。通过层层反思，不断解读生本课堂的教学理念，分享生本课堂的教学策略，整体提升教师的教学教研水平。将理论培训与实践活动有机结合，开展听课、磨课、展示课等一系列教学实践活动，通过有的放矢训练，帮助新教师解决管理中遇到的困惑，着重在磨课环节给每位教师历练自我的机会。

3. "三共享"议课模式

"一级导师"必须观课、议课，关注教师在课堂中暴露出的问题，通过同伴互助、实践与反思等达成共识，推进"三共享"策略：

（1）资源共享

为使新教师尽快适应成长需要，采取"通用教案"与"个性教案"相结合的方式，让同学科的教师通过集体研讨形式备出一个单元的体现课改新理念的"通用教案"，然后根据年级组情况，把单元备课任务分解到每位教师，每位教师根据"通用教案"的要求，精心备好自己承担的"通用教案"，下次集体研修时再集思广益，互相补充，形成"年级教案"、教学课件等教学资源。每个教师在"年级教案"基础上根据自己的教学个性和学生实际进行个案补充，形成"个性教案"，实现备课的再创造，引领教师凸显教学个性，实现备课方式的深刻变革，为教师赢得时间去学习理论、写教学反思，提高教学效率。

（2）问题共享

教师根据自己的教学反思，每月至少梳理出两三个具有研究价值的关键问题，利用教研时间，通过"问题悬挂""梳理问题""请教问题""对应良策"等方式，通过"对话"碰撞出智慧火花，"唤醒"教师的创造潜能，在平等、民主、合作、交流、互助的研究氛围中，收集一线教师产生的实际问题。

（3）策略共享

每单周规定的大教研活动时间，以大教研组为单位对一线教师反映的问题进行有针对性的梳理，形成核心教研问题，作为本次教研的主题，教研组长必须制定活动方案：确定中心发言人、记录整理人、推文撰写人等。基本程序是"梳理问题→诊断界定→设计策略→课堂行为→反思提炼"，在研讨中增强教研意识，提高教研能力，解决教学中的实际问题，每次活动资料完整翔实地上交到教师发展中心存档。

## （五）在评价与优化中完善"激发课堂"

有效的评价更能够指导课堂，激励师生。为此，我们借鉴参考新教育理想课堂"六度"评价，一是参与度，即学生的全员参与、全程参与和有效参与；二是亲和度，即师生之间和谐的关系；三是自由度，即尊重学生的个性选择；四是整合度，即整体地把握学科知识体系；五是练习度，即增加学生在课堂上的动脑、动手、动口的机会；六是延展度，从课堂教学向社会生活延伸。

在学习借鉴的基础上，结合"激发课堂"模式，将参与度与愿意学对接，亲和度和自由度对应主动学层面，整合度、练习度对应深度学环节，延展度对应创新学部分。六个维度，分别从主体、情感、生态、知识、实践、生活和生命等不同角度，对学生的课堂学习过程与水平进行了分析，也为教师备课议课提供了导向。

## 三、价值：基于深度学习的"激发课堂"意义显现

### （一）基于深度学习的"激发课堂"模式优化

1. "激发课堂"的模式变化

（1）"激发课堂"1.0版本说明

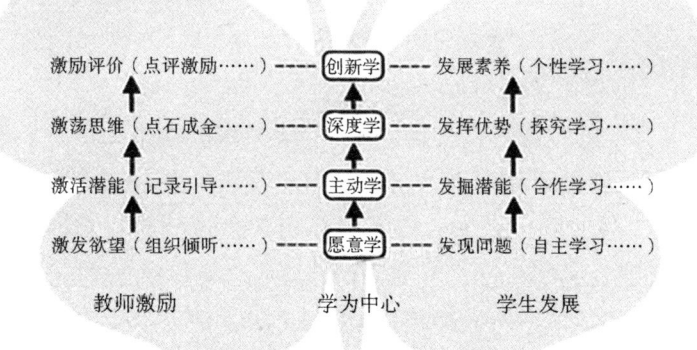

"激发课堂"模式图（1.0版本）

蝴蝶的躯干对应中心的"学":由愿意学—主动学—深度学—创新学四个层级,保证学生始终在课堂快乐、自主、合作、探究、智慧、生长。

蝴蝶的左翼对应教师的"激":由激发欲望—激活潜能—激荡思维—激励评价四个层级对应,让所有教师破译"激"的密码。

蝴蝶的右翼对应学生的"发":由发现问题—发掘潜能—发挥优势—发展素养四个层级对应,引领学生探究"发"的路径。

(2)"激发课堂"2.0版本说明

**"激发课堂"模式图(2.0版本)**

"激发课堂"的"激"指激扬生命,"激"积极动机和情感,以诊断学情、精准目标—激励对话、助力建构—整合资源、指导实践。"发"指发展素养,"发"思维和元认知,以独立学习、发现问题—对话构建、发展思维—综合实践、应用评价。分为"预课堂""主课堂""拓课堂",分别以"预学单""共学单""拓学单"为学习工具,注重学生实践和创新能力的培养。

(3)"激发课堂"3.0版本说明

课堂教学改革要想取得成功,就要探索全新的课堂教学模式。在进行文献研究基础上，结合教学反馈优化和调整，构建了"激发课堂"3.0版本。如下图所示：

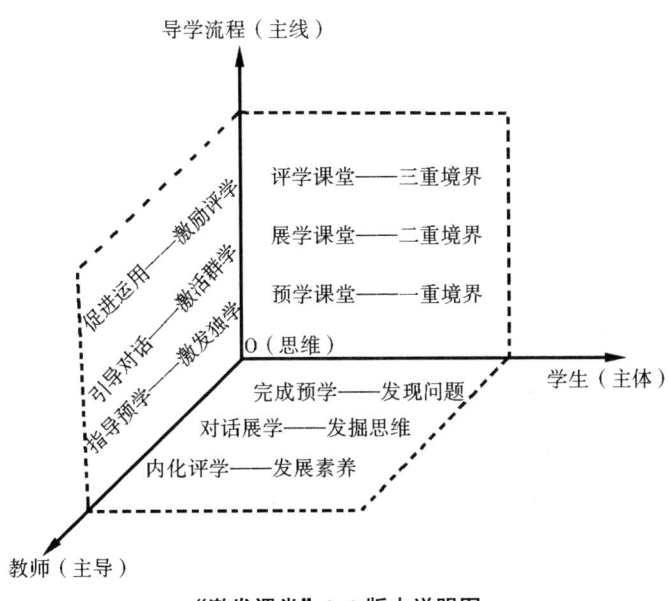

**"激发课堂"3.0版本说明图**

"激发课堂"3.0版本以学生为主体，以教师为主导，以流程为主线，以思维为原点组成的三维立体模式，以"激"（激发独学—激活群学—激励评学）与"教师"发展对接，注重学生情感、态度、价值观的引领与培养，发掘孩子终身学习的原动力；以"发"（发现问题—发掘思维—发展素养）与"学生"成长对接，注重学生学习习惯、态度、方法、效率等引领与建构；通过"激"与"发"，尊重儿童天性，激发儿童精神动力，推动儿童自主学习，主动发展，引领儿童主动探索，真正实现每一位学生学习权的回归，实现学生"预学→展学→评学"三重境界。

2."激发课堂"的学科变式

(1)语文："还学·引思·延学333"模式

初步探究形成"激发课堂"略读课文"333"学习模式，以"引思"引导学生思维，以"还学"帮助学生发挥能动性，以"延学"迁移阅读方法，2022年10月在新都区小学整本书阅读展示中荣获一等奖。

(2)数学：基于儿童视角的"学力课堂"模式

基于儿童视角的"学力课堂"模式由催生学力—完善学力—彰显学力三个环节六个步骤组成，2022年9月，以该模式汇报的数学校本教研成果获得新都区教科院一等奖。

(3)综合："学科融合"——双语科学实验课教学模式

科学教师李鹏源与英语教师廖方琼执教的融合课程《谁主沉浮》，经历了无数次磨课，磨炼群体智慧、磨出教学对策、磨硬教师基本功，获得全校教师一致好评并获得校级特等奖，在2022年课堂大比武中荣获新都区一等奖。

(4)艺体：体育功能训练课的激发模式

音乐教师李增林与体育教师王敏执教的《竹竿舞》，运用体育功能训练课的激发模式，"1+1+N"团队提供智力援助，将成语、古诗、民歌融为一体，以学科融合创新特色获得校级特等奖。

## 四、反思：基于深度学习的"激发课堂"后续研究

**(一) 理论层面**

1. 继续强化、细化、明确"激发课堂"理论支撑，使其运用于实践指导意义更大。

2. 继续细化"激发课堂"教学模式，将不同学科、不同年级、不同课型的"激发课堂"模式在全校推广使用。

3. 定期开展相关培训、讲座、论坛，深化教师的"激发课堂"意识，使"激发课堂"理念常态化。

**(二) 实践层面**

1. 继续以教研组为单位，各学科、各学段、各课型开展具有学科特色、学段特色、课型特色的"激发课堂"课程，并对课程进行翔实记录（包括课堂实录、教案、PPT、教学反思等）。

2. 继续组织课题组成员及各教研组代表进入"激发课堂"，以我校观课、评课量表为标准，深度发现课堂的闪光点，同时发现教学中仍然存在的方向，从而确定未来"激发课堂"的改进方向。

3. 继续带动全体教师将"激发课堂"理念常态化，并将相关的课例、教案、论文、小课题、反思、叙事等成果进行梳理，形成系列成果。

4. 以各级工作室为平台，在校际间全面推广"激发课堂"模式。

毛虫的化茧成蝶，一路艰辛，百般痛苦，终将华丽蜕变。"激发课堂"由"困境"走向"新生"，一路蹒跚，砥砺前行，全体"蚕小人"会像毛虫一样，继续在"激发课堂"里播种幸福、传递幸福、享受幸福，终将幸福花开！

"激发课堂"承载新理念，教学行为发生变革，引发思维碰撞，在碰撞中实践，在实践中反思，在反思中达成，在达成中分享，在分享中成长，用工匠精神打磨课堂，研出课堂精彩，成就教师，成长学生，成名学校。

## 成果报告

## 厚激薄发　智教慧学
### ——基于深度学习的"激发课堂"实践样态

**蚕丛路小学课程与教学中心　黄尤林　胡　月**

"学为中心理念下的'激发课堂'实践与研究"（XDJK20006）是由新都区教科院规划办 2019 年 9 月批准的立项课题，2022 年 9 月顺利结题，阶段研究成果得到专家们的高度肯定。

### 一、样本选择

该课题的第一轮实验对象为二（1）班、三（2）班、四（2）班、五（2）班、六（1）班，都要通过课堂教学的主渠道来实现，落实研究成果的主要途径，课题组一直坚持"抓教学，重实践"。

**（一）加强领导，精心组织**

学校对"激发课堂"实践与研究予以高度重视，由李继美校长领衔，课程与教学中心分管，各教研员及备课组长为工作人员，健全工作制度，制定展示方案，形成上下联动、齐抓共管的良好工作格局。

**（二）紧扣主题，把握方向**

紧扣"激发课堂"主题，认真做好展示工作，选择好展示的切入点，增强展示的广度（"激发课堂"涵盖是什么？为什么？怎么做？）和深度（效果创新程度），积极引导全体教师"创新创优"的价值取向。

**（三）创新形式，讲求效果**

综合利用微信公众号、通讯、现场报道、记者问答、新闻综述、侧记、评论等展示方式，努力提高"激发课堂"的吸引力、感染力和影响力，扩大

"激发课堂"活动成果，提高学校"创新创优"工作的影响力。

## 二、认识成果

### （一）概念界定

"激发课堂"是国家课程校本化实施的重要载体，是以"学"为中心，将"激"与"发"有机整合的实践课堂；是让学生充满强烈好奇心和浓厚求知欲的乐学课堂；是将自主、合作、探究学习方式巧妙融合，充满民主、平等、激励的人文课堂；是愿意学→学会学→深度学→创新学的挑战课堂；是关注生命活力的自主生长、自由生长、自然生长的生命课堂。

### （二）理论支撑

从卢梭到杜威再到陶行知，从郭思乐的《教育走向生本》《教育激扬生命》；周一贯的《语文课堂变革的创意策略》；孟晓东的《用生长定义教育》；黄厚江的《语文课堂寻真——从原点走向共生》等文献中借鉴经验，厘清"生长课堂"的思想脉络，为"生长课堂"找到"根"；阐释"生长课堂"的基本理念，为"生长课堂"找到"魂"。

1. 以新课程理念来引领课题研究，通过参加各种教师培训、学校继续教育活动、个人自学等形式，努力提高老师的理论水平，提升教师的科研素质。阅读相关教育理论书籍，通过《人民教育》《四川教育》《教育科学研究》等杂志及网络搜索等渠道，摘录与课题相关的内容，并整理资料，汇编"课题理论学习资料"。

2. 从卢梭到杜威再到陶行知，为"生长教育"思想找寻精神支撑；厘清"生长课堂"的思想脉络，为"语文生长课堂"找到"根"；阐释"语文生长课堂"的基本理念，为"语文生长教育"找到"魂"。

3. 建构"激发课堂"模式，指导学生自主地学、自发地学、自觉地学，开阔思维的广度，挖掘思维的深度，探索语文教学的真谛，回归学生本体，回归学习本质，回归教学本真，强化深度学习和自主建构。

### （三）基本原则

1. 实现"三转变"

变教师灌输式的"教"为学生自主性的"学"，使学生获得学习动力。

变"听懂了"为"学懂了""会学了"，使学生掌握学习方法。

变"他律"为"自律"，使学生获得自信、自尊，激发内在的学习潜能。

2. 强化"四突出"

突出学生：充分发挥学生主体作用，"请跟我来"—"我跟你去"。

突出学习：整个教学过程处处突出学生的学习、质疑和探究。

突出合作：全班分成若干小组，每小组4人，每位学生都必须在小组内充分发挥其应有的作用（ABCD）。

突出探究：让学生通过自主学习、探究获得知识，形成能力。

新课程实施以来，"以生为本"理念得到体现，仍有部分教师独霸讲台，忽视学生自学能力的培养，关注教案，忽视学生，形式单一、内容单调。

3. 彰显"五学力"

会倾听：课堂上不仅会认真聆听教师的讲述，更能仔细倾听同伴的观点，并在同伴观点的基础上去思考，从而将学习和合作引向更深的层次。

会质疑：大胆向同伴质疑，向教师质疑，向书本质疑，向权威质疑。

会思考：激发质疑兴趣，大胆提问，发散思维，多角度思考。

会合作：小组成员之间会分工合作，既能各司其职，又能各尽其能，互相配合，共同提高。

会展示：每堂课上要敢于和善于展示，展示时要口齿清楚，声音响亮，观点分明，语言流畅，书写规范，体态大方。

4. 追求"五学""五善"

（1）学生"五学"

激励自学。在教学活动中我们提倡让学生"先做后学"，结合课程内容布置前置学习任务，鼓励学生进行自学，并保证自学的质量。学生只有在对知识有了充分的独立思考的基础上才有进行讨论的价值。

强调互学。在学生有一定思考基础后，课堂的主要教学活动是组织学生展开小组互学，先进行小组交流进行合作学习完成前置学习内容的订正，学生将自己的想法在小组内互动交流，在小组内达成共识，形成讨论的基础。

适时导学。学生的互学绝不是放任自流，教师在组织教学活动中要进行及时评价与引导，保证教学活动的顺利开展，知识的有效生成，并且教师要引导学生进行拓展性知识的讨论、学习。教师的导学是学生课堂学习的驱动力，是课堂教学质量的保证。

充分展学。展学即鼓励学生将个人理解或小组讨论的结果在全班进行展示、交流、分享，教师退到幕后将讲台让给学生，让孩子以他们的方式诠释对知识的理解。

多元评学。学生在展示自己想法的时候其他组的同学不是被动的接受，而是带着自己的理解去倾听、去分析、去评价，同时要对同学的想法进行补充或调整，这样形成个人与个人、小组与小组之间的思维碰撞，产生思维的升华。

（2）教师"五善"

善激发：敏锐捕捉学生的兴奋点，连成思维流，旋成思维圈，形成思维场，使课堂如磁石般吸引学生积极参与。

善观察：既要善于观察目标是否落实，又要善于观察学生状态，调整教学进程，实现效率最优化。

善点拨：善于对重难点进行点拨，对疑难处适时引导，帮助学生掌握规律，启迪智慧，发展智能。

善评价：善于用准确、简洁的评价语言，强化知识落实，帮助学生深入思考，使其增强自信心、体验快乐。

善反思：善于运用理论设计和指导教学，正确分析和认识教学现象，创造性地解决问题。

**（四）研究重点**

1. "激发课堂"的创新特色

展示"激发课堂"的重要会议和重要活动，针对"激发课堂"活动制定出台的政策措施和办法，在活动中形成的理论研究成果和机制创新成果，开展"激发课堂"的特色做法、典型经验和实际效果。

2. "激发课堂"的模式建构

转变教师发展方式，用课堂改革撬动学习方式的深度变革，完善教师发展机制，努力建立结构合理"激发课堂"模式，促进教师迅速成长。

3. "激发课堂"的评价机制

注重"六度"评价工具的开发，引领全体教师追问"激""发"的本真，探求课堂效率的最大化。

4. "激发课堂"的效果显现

展示学校推进"激发课堂"进程中的先进典型和经验，重点展示工作中的新思路、新做法和新成效，以及典型意义和示范价值。

### （五）研究保障

1. 专家引领研究方向

请专家来和成都大学师范学院的教育专家们进行探讨，邀请专家们指点迷津。学校邀请著名教育专家来对我们的"激发课堂"进行现场指导，邀请大家来校上示范课，进行现场示范，解答问题。

2. 学习指明研究方向

访名校。我们访问课改名校，获取课改真经，借他山之石为我所用，启发我们自己的研究，调整我们的研究方向。

求名师。我们多次邀请市教科所、省教科院名师专家对我们的"激发课堂"进行指导。

读名著。学校为每个教师购进了《静悄悄的革命》《课堂研究》《教师的挑战》《教育的理想与信念》等书，图书室还为教师订阅了大量的教育报刊，供大家随时翻阅学习。

3. 课题保证研究方向

为了使"激发课堂"的研究更加规范，不偏离方向，我们专门申报了区级立项的课题，特别是加强了课题运行过程中的研究，取得了第一手丰富的课题研究资料，积累了宝贵的经验，编写《课堂学习指导纲要》，遵循"以学定教"的教学法则，整体优化"课堂风向标—自主展示台—合作探究营—七彩回音壁"四环节，保证学习内容当堂达标。

4. 过程调整研究方向

研究过程的阶段总结反思帮助我们不停地调整研究的方向。例如，我们组织编写了《激发课堂常用语100句》；我们在听课的过程中发现学生在展示时语言不够规范，于是我们组织人员拟订了一份激发课堂评价语言要求。

同时，规范"激发课堂"的操作流程：备课—磨课—上课—观课—议课—走课—创课，注重细节，精准实施。

## 三、操作成果

英国教育家维特根斯坦说"不要在云端舞蹈，而要贴地行走。"《义务教育语文课程标准（2023年版）》倡导学生主动参与、乐于探究、勤于动手，在生动和谐的课堂氛围中充分锻炼自己、展示自己、提高自己。站在"激发课堂"的制高点上追问：怎样将个别学习、小组学习、班级学习有机结合起来，使学生人人积极参与，个个能说会道，把"不待老师教，自己能学习"

变成现实，我们探索出"激发课堂"促进深度学习的实践路径。

**（一）"激发课堂"的备课模式**

持续推进"每周一研"，以备课组为单位，围绕一主题、一课题运用"五步研课法"完成研课。第一，独立备课：组内提前一个月进行个人备课；第二，集体辩课：每位教师都制作好上课的PPT并说课，然后大家在此基础上辩课，形成二稿；第三，抽签上课：行政人员组织抽签，确定一名教师进行第一次公开执教；第四，公开执教：全校教师参与听课，学科组教师在此基础上再辩课，再次抽签确定第二轮上课的教师；第五，叙事聊课：由研究组内其他教师讲述研课过程中的故事，说说一起经历的困惑、争辩、否定、反思、收获等。这样的研课模式让全体教师一起卷入，在毫无保留的研讨中，相互学习，共同成长。

**"激发课堂"教学设计模式 1.0 版本**

| 目标预设 | 学生发展 | 学为中心 | 教师激励 | 目标达成 |
|---|---|---|---|---|
|  | 发现问题：独学（时间） | 愿意学 | 激发欲望 |  |
|  | 发掘潜能：共学（时间） | 学会学 | 激活潜能 |  |
|  | 发挥优势：展学（时间） | 深度学 | 激荡思维 |  |
|  | 发展素养：拓学（时间） | 创新学 | 激励评价 |  |

**"激发课堂"教学设计 2.0 版本**

| 开放性的学习环境（流程） | 素养导向的学习目标（学什么?） | 挑战性的学习活动（学生） | 引领性的助学活动（教师） | 持续性的学习评价（怎么评价?） | 可视化的学习效果（学得怎样?） |
|---|---|---|---|---|---|
|  |  |  |  |  |  |
|  |  |  |  |  |  |
|  |  |  |  |  |  |
|  |  |  |  |  |  |
|  |  |  |  |  |  |

## （二）"激发课堂"的"六度"评价量表

**"激发课堂"的"六度"评价量表**

| 第一层级 | 第二层级 | 第三层级 | 观察指标 | 评价标准 | 评价结果 | 评价人员 |
|---|---|---|---|---|---|---|
| 教学目标 | 是否明确 | 目标A | 思想、情感、价值观 | 5 |  | 所有人 |
|  |  | 目标B | 核心目标，重点教学的内容，技能 | 5 |  |  |
|  |  | 目标C | 为核心目标搭梯的障碍性知识 | 5 |  |  |
| 教学策略 | 愿意学 | 参与度 | 1. 全员参与 | 5 |  | 一年级 |
|  |  |  | 2. 全程参与 | 5 |  |  |
|  |  |  | 3. 深度参与 | 5 |  |  |
|  | 主动学 | 亲和度 | 1. 师生之间、生生之间愉快的情感沟通 | 5 |  | 二年级+音乐 |
|  |  |  | 2. 师生之间、生生之间智慧的思想交流 | 5 |  |  |
|  |  | 自由度 | 1. 充满自由轻松的氛围 | 5 |  | 三年级+体育 |
|  |  |  | 2. 增添学习的轻松愉悦 | 5 |  |  |
|  |  |  | 3. 增加合作的欢声笑语 | 5 |  |  |
|  |  |  | 4. 增强对话的诙谐幽默 | 5 |  |  |

续　表

| 第一层级 | 第二层级 | 第三层级 | 观察指标 | 评价标准 | 评价结果 | 评价人员 |
|---|---|---|---|---|---|---|
| 教学策略 | 深度学 | 整合度 | 1. 强调对教材的有机整合 | 5 | | 四年级+美术 |
| | | | 2. 对教学内容进行有机整合 | 5 | | |
| | 深度学 | 练习度 | 1. 真正动脑、动手、动口练习、实践 | 5 | | 五年级+心理+信息 |
| | | | 2. 让学生通过观察、模仿、体验 | 5 | | |
| | | | 3. 在多重活动中学习 | 5 | | |
| | | | 4. 在多元互动中学习 | 5 | | |
| | 创新学 | 延展度 | 1. 内容整合不断向深度和广度延展 | 5 | | 科学+英语 |
| | | | 2. 向社会生活延伸，留下探究空间 | 5 | | |
| 教学评估 | 效果分析 | | | | | |

"得法于课内，得益于课外。"在阅读课的教学中，要注意引导学生运用在讲读课文中所学到的读书方法，采取"独立阅读—小组讨论—全班交流—问题解决"的方式，引导学生独立去阅读，举一反三，活学活用，在实践中学会读书，进一步提高学生的研究性学习能力。

### 四、研究效果

传统课堂是一种"注入式"模式，在课堂这个舞台上，教师成为唯一演员，学生只是奉命鼓掌的观众，"激发课堂"预习质疑—小组讨论—释疑解惑—反思延伸，成了交流式演讲课，成了合作式的实践课，成了探究式的创新课，演出的是师生大合唱。

#### （一）课堂结构成功转型

1. 建立新型和谐的关系

"激发课堂"建立民主、平等、和谐的师生关系，教学氛围轻松、愉快，调动师生双方的积极性，有利于教学相长。

2. 促进学习方式的转变

让课程标准倡导的自主、合作、探究学习落地，学生的主观能动性大大提高，成为课堂学习的主人，自主选择学习内容，自觉投入学习活动，自发参与探究学习，合作意识增强，学习能力得到提升。

3. 促进导学方式的改变

教师实现华丽转身："请跟我来"（教师中心）—"我跟你去"（学生中心）；"传递者"（知识传递）—"促进者"（自主建构）；"灌输式"（教授者）—"对话式"（探究者）。不搞花架子，在课堂上给学生"反刍"的时间和机会，自我反思、总结。

### （二）教师专业得到成长

1. 在上课比赛中获得成绩

"激发课堂"给了老师们丰满的羽翼，他们在各类上课比赛中频频获奖，（统计数据或表格说明）给老师们带来了成就感。

2. 在论文发表后获得成就

实践与思考结合，读书与写作交融，教师们围绕范式的文章不断见诸报端（发表文章的扫描件闪过），不断有论文频频见诸报端。

3. 在骨干评定上获得成果

研究促进了能力的提升，特别是青年教师快速成长，一批骨干教师获得了不同的荣誉称号。由于教科研十分给力，教师的职称评审十分成功，给了老师们实实在在的实惠。

4. 在教学实绩上获得成效

"激发课堂"注重的是对课堂进行整体改革，注重的是师生双向互动，教学的成效非常明显，强化了学生主动学习的意识，掌握了各种思想方法，养成了预习的习惯、表达的习惯、倾听的习惯、质疑的习惯、出题的习惯。在长期训练中，思维更加敏捷、更加灵活、更加深刻、更具有创造性、批判性。

### （三）学科特色得到彰显

通过研究"激发课堂"教学模式，推动学校教育教学深度改革，在"学为中心"理念下的课堂教学，褪去华而不实的外衣，形成以学生的"发"为主、以教师的"激"为辅的"激发课堂"，立足于学生原有认知、立足于学生的真实生活，一切行为服从、服务于学生的"学"，教师为学生搭建平台，为学生的"学"提质增效，形成"激发课堂"研修潮流，提升学校社会影响。

1. "激发课堂"的变革方向

课堂是教学的"重头戏",也是非常难唱的"戏":正从双基训练到三维目标走向核心素养、从浅层学习走向深度学习、从教为中心走向学为中心、从问题串走向任务链,要求我们必须对课堂进行结构性改革,成了本课题研究的动因。

2. "激发课堂"的原点思考

"激发课堂"意在正本清源,立足学生的现实起点,呼唤回到原点,着眼于学生发展的丰富可能,以追求"生长"为核心价值,唤醒和激活学生与生俱来所拥有的语言禀赋。于疑难处指引,于迷惘处点化,于困顿处帮扶,于关键处引领,包孕、涵养着生长的力量。

3. "激发课堂"的变革路径

孩子犹如一粒种子,自由与天性是土壤,熏陶与濡染是水分,对话与交流是空气,激励与欣赏是阳光。构建"激发课堂",让学习真正发生,尊重学生、立足学生。"学"是指学生自主、快乐、持续地学,有目标、有路径、有方法、有评价、有发展。"导"是指教师适切地指导、引导、疏导、辅导、诱导。"先学后导""以学定导""顺学而导""以学评导"让学生在课堂自主生长、自由生长、自然生长、自觉生长。

"激发课堂"放手让学生质疑、猜想、证明,清晰地找到教学规律的科学路径,培养学生敢想、敢说、敢做的学习品质,抵达教学自由境界的过程,"激发课堂"里走出来的孩子,快乐自信,有解决实际问题的能力,有终身学习的能力;我们相信,"激发课堂"里走出来的老师,因创造、因智慧得幸福,我们追寻的理想教育正逐渐变成现实。

短短的一年时间,有5位教师获得成都市教师技能大赛的参赛资格,参加新都区教师技能大赛获得特等奖6项,一等奖11人次,二等奖14人次,论文获奖16人,微课获奖6人,获奖率达70%以上,学校获得区级以上表彰9次。辅导学生参加成都市科技体育锦标大赛获二等奖。这些奖项,凝聚着全体蚕小教师的集体智慧。

## 五、研究展望

蚕丛路小学很年轻,它承载着一种新的教育理念,教师的教学思想,教学行为都发生了极大变化,教师在这样的特色教研氛围中,引发智慧和思维的碰撞，在碰撞中实践，在实践中反思，在反思中达成，在达成中分享，在分享中成长，研出了精彩的课堂，成就了教师，成就了学生，发展了学校。

"一个人走得快，一群人走得远。"蚕小教师很年轻，很稚嫩，教学思想尚在形成，教学行为还需变革，我们将在实践中反思，在反思中达成，在达成中分享，在分享中成长，继续用工匠精神打磨课堂，让蚕丛路小学的每节课在精细中出彩，让蚕小教师的风采在每节课中闪耀，努力为蚕小的教育铸就一道亮丽风景！

# 分报告

## 基于深度学习的语文"激发课堂"成果报告

蚕丛路小学语文课题组

### 一、研究背景

**(一)"激发课堂"语文教学的重要意义**

1. 落实新课标的国家意志

2022年4月发布《义务教育语文课程标准(2022年版)》,与过去的《义务教育语文课程标准(2011年版)》相比,《义务教育语文课程标准(2022年版)》开宗明义提出课程教材要发挥"培根塑魂、启智增慧"的作用,并将"有理想、有本领、有担当的时代新人"确定为义务教育阶段的培养目标。"激发课堂"将"三有"作为培养目标。

将"三有"写入《义务教育语文课程标准(2022年版)》,传递出这样的政治风向:教育必须为中国共产党治国理政服务;教育必须弄清楚"为谁培养人""培养什么样的人"的根本问题;"激发课堂"的根本目的就是培养出具有国家和民族认同感的学生。

2. 践行新课标的未来朝向

自2016年《中国学生发展核心素养》发布以来,"素养"成为教育领域的热词。新课程方案中不仅提出了"坚持素养导向"奠基未来,而且在具体学科标准中,都提取出了"学科核心素养"。如语文核心素养内涵明确为"文化自信、语言运用、思维能力、审美创造"。语文"激发课堂"为语文学科素养落地提供了着陆点。

## （二）学校语文教学的现状

学校现有 46 位语文教师，平均年龄 28.6 岁，70％的新入职教师是应届毕业生，3 年以上教学经历的仅 17 人。教师们年轻，朝气蓬勃，但整个团队教龄不足，语文教学经验缺失。全组教师相互尊重、相互学习、相互促进，团结协作，资源共享，团队凝聚力强。蚕丛路小学语文教研组每个年级组均有两名备课组长负责年级组教学相关事务，形成了从上至下，由点及面的语文教研组架构体系。

## （三）有效开展"激发课堂"语文教学的理论指导

重视学习语文新课程标准，转变教学观念，努力提高教师专业水平。全体语文教师认真学习《义务教育语文课程标准（2022 年版）》及高效课堂的教育理念，正确把握语文教育的特点，倡导自主、合作、探究的学习方式，努力建设开放而有活力的语文课程。从课堂教学入手，将教改落到实处。

"共读共写"是新教育十大行动中的重要一环。为进一步提升教师队伍整体素养，培育卓越教师共同体，蚕丛路小学语文教研组定期举办教师读书会。此前，我组教师利用寒暑假期，共读了《静悄悄的革命》《一线带班》《我怎样教语文》等。自新课标发布后，学校进行了"读广、读深、读透"的新课标研读法。学校教师在 5 月、6 月完成新课标的首次阅读；7 月各年级分组合作学习深入阅读，争取读懂《义务教育语文课程标准（2022 年版）》；8 月学校发布任务将《义务教育语文课程标准（2022 年版）》与《破解高效学习的密码》的阅读相结合，进行深度阅读；9 月返校后通过专家讲座、读书会展示、及新课标理念下的课例展示读广《义务教育语文课程标准（2022 年版）》。

认真开展备课活动，发扬群力群策精神，共享彼此资源。备课，重点实践在《义务教育语文课程标准（2022 年版）》指导下的"激发"课堂教学，如何将先进的"激发课堂"理念转变为具体的教学行为，老师们一方面重视《义务教育语文课程标准（2022 年版）》的理论学习，丰富自身教学内涵，一方面努力实践，提高自身的教学设计技能。

2022 年 10 月，蚕丛路小学语文教研组承办了成都市教师读书活动现场会。此次活动以共读活动为载体，通过共读《破解高效学习的密码》拓视野，汲取成功经验，应用到教学实践中，推进教学方式变革，深化语文课堂改革，构筑语文理想课堂，深化"激发课堂"研究，进一步提升师生核心素养，提高课堂效率。

会读·慧读·汇读——2022年成都市教师读书活动现场会

**（四）"激发课堂"模式——有效开展"激发课堂"语文教学的实践指导**

2020年9月，蚕丛路小学"学为中心理念下的'激发课堂'模式的实践研究"的课题被新都区教研培中心教育科学规划办成功立项（编号XDJK20006）。课题成立至今，蚕小的语文教师以"学"为中心，让学生站在课堂中央，以"激"破译教师的成长密码，以"发"破解学生的发展密码，努力追求"头""手""心"合一，不断提升课堂品质，优化课堂教学质量。在"激发"的引领下，蚕丛路小学语文课堂质量不断提升！

2022年春，蚕丛路小学语文教研组共四组教师代表参与了"1+1+N"模式下"激发课堂"的展示课执教，三节课紧紧围绕本学期教研大主题"细研课程标准、转换儿童视角、落地学科素养、推进激发课堂"。中高组的老师们一节《祖父的园子》与黄尤林老师名师工作室展开联合活动，呈现高段新课长文章教学思路与课堂学导路径，不但在叙事类课文教学方向上为老师们提供可参考模板和实用环节策略，也为刚入职的新老师起到了新课教学的指导示范作用；一年级备课组以"转换儿童视角"为出发点，积极转变自身教学身份，大胆探索与尝试，在"激发"课堂中重视以学定教，充分尊重学生，将新课教学与多彩活动有机融合，为老师们提供低段情境教学的新思路，识字课堂变得丰富多彩起来；三年级老师挑战文言文教学，用生动有趣的情境穿越教学模式，带领孩子们在古今世界中徜徉，孩子们沉浸在诗情画意的古文与有趣的故事中，文言文教学变得益智、有深度，让老师们耳目一新、大饱眼福。二年级组老师精诚合作，将新课设计成一环紧扣一环的活动，学生和老师在趣味教学中展开深入交流与共鸣。

2022年春共开展了四次大型的主题教研活动，主题分别为"细研课程标准、转换儿童视角、落地学科素养、推进激发课堂"，分别由四至六年级、一年级、三年级、二年级承办，以教师们的实际课堂为出发点，解决教师教学中的真实问题，再现真实教学情境。

## 二、研究的目标和意义

### （一）研究目标

基于学校在语文教学中遇到的困难和目前"激发课堂"的研究情况，本研究的目标如下：

1. 探究"激发课堂"模式下语文课型教学模式，形成针对不同课型的"激发课堂"教学模式。
2. 探究不同课型"激发课堂"模式对语文教学的影响。
3. 探究"激发课堂"模式对教师的教学能力和教学效率的影响。

### （二）研究意义

对不同课型"激发课堂"教学模式的探索，为学校语文教师的课堂实践提供方向。在此模式的帮助下，青年教师能快速站稳讲台，提高课堂效率，激发学生对语文的兴趣。学生能在生动、真实的语言情境中达到提高语文核心素养的目标。

## 三、概念界定

语文课型：课堂教学的课型泛指课的类型或模型，是课堂教学最具有操作性的教学结构和程序。它是对各种课进行分类的基础上产生的。课型的分类因基点的选择不同而区别。语文教学因其独特的文化背景和丰富的内涵，有着自己独特的魅力，其分类标准也十分多元。本文根据教学的内容将课型分为：阅读与鉴赏课、表达与交流课。

"激发课堂"教学模式:"激发课堂"教学模式从儿童视角出发,遵循"学为中心"的核心理念,激发学生的学习兴趣,激励教师的教育热情。"激发课堂"教学模式在语文课堂中,以帮助学生掌握语文基本知识和能力为出发点,用儿童化的语言、生动的情景、积极的评价和有趣的活动激发学生对语文学科学习的兴趣,通过不断提高学生的语言建构和运用能力,逐步培养和提升学生的思维,从而提高学生的文化品位和审美情趣。

## 四、研究的过程与方法

### (一) 前期准备

1. 发现主要问题

结合学校语文课堂教学模式的现状,发现存在以下问题:

(1) 教学方式陈旧,课堂气氛沉闷

教师在教学中没有意识到语文教学的重要意义,没有着重培养学生对待语文的学习态度和学习方法,只是为了完成教学任务。

(2) 学生学习语文兴趣淡薄

造成学生学习语文兴趣淡薄的原因首先就是教师的教学方式过于传统,课堂上的讲解过于枯燥乏味,使学生提不起学习的兴趣。

2. 查找相关资料

如今网络和书本上的教学课堂模式虽然不少,但针对"激发课堂"教学模式的信息比较缺乏,没有具体的操作思路让我们进行学习探究,通过大量阅读教育教学书刊杂志奠定理论基础。

3. 确定研究方法

(1) 问卷调查法

通过向学生发放问卷,对所回收的问卷进行描述性统计分析,以期能够得到一些量化的、较有说服力的指标,通过调查现代制度试点学校教师发展存在问题等,分析其现状及成因,确定课题。

(2) 文献研究法

通过对硕博士论文、期刊网中的全文数据库和万方数据资源系统、外文数据库等权威数据库分别以"生长课堂""五学五导"及与其相关的关键词进行检索。明确研究价值、研究思路、研究方法等,学习借鉴成功经验,推进研究工作。

（3）行动研究法

基于研究所得的数据和结论，根据相应的效果反馈，提出改善建议措施并落实，探索建构"激发课堂"的有效策略。

（4）个案研究法

由于本研究的主要对象是现代学校教师，主要采用质性研究为主、量化研究为辅的分析方法，从发展的现状、策略、措施、效果四个方面开展调查。

**（二）探究语文教学激发教学模式**

在提出模式雏形后，运用于教学实践中，开展大量课堂实验，并对模式不断修正、完善。

1. 分析文献、课标、教材，正确认识教学理论基础和实践基础

阅读相关教育理论书籍：《新教育》《教育走向生本》《幸福教育与理想课堂八讲》《静悄悄的革命》《激励学生学习》《义务教育语文课程标准2022版》《破解高效学习的密码》等。

2. 展开研讨会，修正、完善教学模式

为确保研究的顺利有序有效的进行，在严格按照研究方案的基础上，将采用以下一些措施：

（1）研讨活动

蚕丛路小学语文教研组十分重视对新课标与部编版教材的校本化解读。自2019年起，我组每学期会针对不同的主题，开展校本研讨活动。从个人到备课组，再由备课组到全组，从上至下形成系统化的校本研讨活动团队，解决真真实实的问题。2021年春，蚕丛路小学语文教研组参加新都区校本教研获特等奖；2021年秋，蚕丛路小学语文教研组参加新都校本教研获一等奖；2022年春，蚕丛路小学语文教研组唐婉淋老师参加新都教研展示课活动获一等奖。

2021年秋五六年级组织的校本教研以"整本书阅读"为主题展开。由展示课例、主题讲座、说课议课几个模块展开。每一次校本教研主题明确，方案翔实，质量高，具有针对性和示范性。

（2）集体备课

备课不仅有漂亮的板书、精彩的教案、完美的课堂设计、精心制作的精美课件，还充分利用现代科技资源，不同程度地体现出了"激发"理念，教学设计尽力调动学生的主动性、积极性。创设情境，让学生多动、多思，展

开联想、开展合作学习、探究学习，构成高效课堂。教师教学行为的显著变化，由"灌输"转变为"探究"，让学生学得主动，学得有效果。

（3）磨课活动

磨课融入常态课堂教学中，同年级教师对教学中学生互学、教师导学、学生展学及课堂评价进行交流和探讨。在校组织的教研课和公开课活动中，教师围绕上述问题进行研讨，提出修改建议。围绕"整本书阅读"这一主题，五六年级组的语文教师们前期通过查阅资料，观看大量课例，寻求专家帮助。从教学设计的初稿，再到磨课改稿，期间经历了很多的艰辛与尝试。

（4）观课议课

学校对校内每节教研课和公开课都开展观课议课活动，议课过程中，教师分组主要围绕"主动学""学会学""自能学"等效果进行评议，同时提出修改建议，完善"激发课堂"的设计。

（5）师生过关课

结合"双减"政策，对课堂有了更高要求，我们以"激发课堂"六维度来落实每一位教师的课堂，以上好每一堂常规课为目标，特别是高段课堂的深度学习，我组也十分重视。在以上基础上，我们安排了五六年级组其他教师的授课时间与内容。

**五六年级组其他教师授课时间与内容**

| 授课时间 | 授课教师 | 授课题目 | 综合得分 |
| --- | --- | --- | --- |
| 12月7日上午第二节 | 叶楠 | 《少年闰土》 |  |
| 12月8日上午第一节 | 陈瑶 | 《少年闰土》 |  |
| 12月9日上午第二节 | 吕品 | 《我的伯父鲁迅先生》 |  |

备注：

①过关课时要主动邀请分管行政领导参与听课评分。

②各教研组不同参赛团队相互评分，例教研组有A、B、C三支团队，A组PK时，由B、C两组成员打分，各组分别排名。

③以教研组为单位集中1-3天进行听课评分，分数由高到低，选出一名最高分且未执教过教研展示课课例活动的一名教师，参加本学期教研课例研究活动。

**（6）反思提升**

结合自己的教学实际、理论学习与教学研讨，及时修改"激发课堂"教学设计，加以搜集整理，汇编成册。积极撰写教学论文与随笔，针对问题及时思考改进的策略。

**（三）探究该模式对我校小学"激发课堂"语文教学的影响**

1. 以"过程评价"促进学生主动学习

语文"激发课堂"尤其注重评价学生的学习兴趣是否浓厚，求知欲望是否强烈，学生的学习力、创造力、表达力等关键能力是否得到彰显。以此促进学生发现问题、发掘潜能、发挥优势、发展素养，实现愿意学、主动学、深度学、创新学的目标。

2. 以"发展评价"引领教师主动成长

"激发课堂"的评价主体是由"16＋4"个教师发展共同体中的"激发课堂"团队担任，对教师的激发欲望、激活潜能、激荡思维、激励评价分别给予发展性评价，目的不在评价分数的高低，而在于基于发展的"1（一个优势）+1（一点不足）+1（一项策略）"评价，重点关注教师的成长进程。

3. 以"教学研究"确保课堂质量提升

语文"激发课堂"注重"四备""三思"，"四备"指"个人构思""集体备课""修改个案""先听后上"四次备课；"三思"指"集备交流""教学后记""课例提升"三次反思。从成功中提炼生长点，从问题中收集研究点，寻觅支撑点，寻求突破点，保障教学研究的真实发生，有效促进教师的专业发展，保证"激发课堂"行动研究的质量。

4. 以"激发"提升课堂教学质量

**学校语文学科各项等级排位逐年上升趋势表**

| 年度 | 排位 | 晋升名次 | 备注 |
| --- | --- | --- | --- |
| 2019 | 38 |  |  |
| 2020 | 26 | 12 |  |
| 2021 | 12 | 14 |  |
| 2022 | 6 | 6 |  |

刚建校的两年，我校调考年级每年都要接收一到两个转学班，语文、数学双科入学水平比区平均水平低10～15分左右，两年后，在"激发课堂"模

式的引领下，学校语文学科各项等级排位也呈逐年上升趋势，学业水平从"困境"走向"新生"。

在"激发"的引领下，学校被授予新都"2022年度教学工作先进单位"的荣誉称号。

**五、研究成果**

在"学为中心理念下的'激发课堂'模式的实践研究"（已立项为新都区区级一般课题）的指导下，我们探索了语文学科激发教学模式，并在教学实践中对此模式不断升级优化，在教学中践行"不停阅读""不停写作"。现有在研区级规划课题"基于国际阅读测评的小学中段阅读素养分级测评实践研究"，"小学中段语文'激发课堂'小组合作策略研究"。

（一）习作探索课题：小学习作教学评价机制改革探索

2021年，学校老师撰写的论文荣获"新都区教师小课题"一等奖

习作的评改是习作教学中最容易被忽视的环节。蚕丛路小学语文教研组为打通习作教学的最后一公里，以"激发"为核心，成功申报了小学习作教学评价机制改革探索课题，并获得新都区一等奖。蚕小语文研究并探索出了体系化一贯制的习作评改模式。

1. 一、二年级——绘画写话：激发兴趣，乐评乐展

低年级学生以具体形象思维为主要形式，他们最感兴趣的是童话、故事、游戏，是想象力最敏感的时期。

《义务教育语文课程标准（2022年版）》对低段写话提出了明确的要求："对写话有兴趣，写自己想说的话，写想象中的事物……"打通从口头语言到书面表达之路，鲜明地倡导写话要以兴趣为首，为孩子提供自由空间，并从中得到乐趣，真正实现"易于动笔，乐于表达"的目标。

"画·话"是探索"绘画"与"写话"的关联，将画画的特点引进写话教学，提高学生的语言表达能力，有效地激发他们的写话灵感与热情，维持学生的写话兴趣，最终提高学生的写话能力。它从激发学生绘画兴趣入手，先画后写，以画促写，科学地、有步骤地进行写话教学，从而激活学生的思维，开阔学生的思路，让学生画出心中画，写出心中话，使写话真正成为"童心、童真、童趣的流露"，为逐步平稳过渡到中、高年级习作打下坚实的基础。

"人性中最本质的属性是想得到别人的赞赏。"评价是低年级写话能力的重要组成部分，评价也是学生的认识不断变化的过程。所以，学生的"画·话"作品的评价，我们一般鼓励学生采用正向的评价，打心底本着激励的原则进行，不断发现他们的进步，挖掘每一次创作的亮点。

（1）随堂·贴花·激励

我们积极开设"画·话"指导课，对学生进行选材、用词、写话方法和技巧、标点符号等方面的指导，让学生习得方法、获得能力，更好地进行"画·话"练习，以达到量中有质的效果。课堂上经过确定主题、选择素材、构思、想想说说、展示交流，当堂请学生小组选出组内认为最好的作品。组内成员打磨后老师随机贴在教室的一面墙上，每组发四张小花贴纸，学生以小组为单位下座位为自己最喜欢的作品贴上贴纸。贴花结束后请学生交流自己贴花过程中的所见所想，进一步让学生带着一定目的去进行贴花评价。

学生在贴花的过程中既学习了别人的文本，又萌发了将自己的作品写到最好的念想，还激起了作者再次修改自己作品的意识。

（2）课间·留言·评改

课堂时间有限，学生贴花进行快速的评价后，课间给学生发便利贴，为

自己最感兴趣的作品提出最宝贵的建议。若建议被采纳累计20次,将被聘为班级"画·话"编辑组成员,成为"小小编辑员",负责公众号、班级周报稿件的评改工作,公众号文章和班级周报上也将署上评改人员的姓名。

"画·话"的作者收到大家的贴花和留言建议后将尽力修改自己的作品,不明白的地方可以与留言者进行沟通。修改后提交作品至编辑组,编辑员再次进行指导,作者再修改形成终稿。

(3)画廊·交流·展示

固定时间将"画·话"终稿再进行展示,这里的展示不同于随堂班级的展示,而是在教室外摆好画架,将作品展览在画架上,面向全校进行展示。前来观展的学生都会发放贴纸,他们将对终稿作品再次贴花评价。作者和编辑员在画架旁对自己的作品进行讲解,观展的人也可以提出自己宝贵的修改意见。作者和编辑员可以学习观展人的评价角度以及评价的细节。

学生的作品经过课堂上"半成品"的展示到画廊上"成品"的展示,既是对作者的肯定,更是对评价者的激励。学生在评价的过程中体会到了如何欣赏美文,如何提修改建议,并且通过初稿和终稿的对比,更深刻感知到了修改的重要性,从内心深处调动了学生评价的积极性。

2. 三、四年级——引向"真我":立体评价,动态展示

在"画·话"的基础上,学生的习作以及评价兴趣已经调动起来了,如何继续保持并深化,我们在中段习作中利用校园、家庭、社会和自然等资源进行体验式作文创作。学生有了切实的体验,能够表达真情实感,但还需要教师的唤醒、激活,让学生传递真情,进入生机勃勃的习作状态,把属于自己的独特的认识和体验"原汁原味"地表现出来。所以我们构建了"说真话、表真情、传真意"的评价模式,锻炼学生的持续表达能力。兴趣的产生和保持有赖于成功,当学生比过去有所进步时,他们又会感到"成功"的喜悦,体验习作的乐趣,对习作产生亲切感,此时,必会反馈出巨大的内驱力,驱使他们向第二次、第三次的成功迈进,从而调动了他们的写作积极性。

(1)多元立体评价,激发习作热情

传统的习作评价不足以客观公正的评价学生,无法让学生的习作得到充分的展示,从而促进学生习作表达能力的提高。多元评价,指评价者的多元参与。其中有学生的自评;有学生的互评;还有教师的评价;有条件的还可

请家长评价，使家长不再是学生学习的旁观者，并能通过评价了解自己的孩子，与孩子沟通。

在新课标和新习作教学理念的前提下，我们认为建立这样的动态生成性的评价体系，立体展示学生的习作才能让习作素养落地生根。

①自我评价

我们以自我评价为基础和前提，让学生自己品味被教师肯定或未被教师发现的但自己觉得好的词句，修改或重新发现存在的问题，在自我评价中提高分析、解决问题的能力。

②相互评价

我们还以学生间的相互评价为核心和纽带，让学生把自己习作的读给同小组的同学听，以孩子的眼光共同发现习作的闪光点和不足，并让小组成员对不足之处提出自己的修改意见，从而发展学生的合作意识培养学生的探究、创造精神。

值得提出的是：在学生评价的同时，我们的实验教师常以主持人的身份参加，起到组织串联的作用，并且认真聆听学生关于习作的评价。当学生在分析、解决问题时遇到障碍时，教师就适当借机作一些疏导。

③放宽标准

我们在习作批改的过程中，鼓励和商榷的语气较多，批评和指责的话很少，给学生逐步提高的时间。在批阅时，常故意降低评改尺度，对病句及文句章法尽量多采用激励性的评语："运用倒叙的写法，想不到你还会变式习作，不错！""这句话写活了当时的情景。""对人物语言的描写充分展示了文中人物和你自己的个性。"多采用宽容的态度："如果结局这段文字删去，留下想象的无穷空间，就更能引发读者的阅读兴趣和猜想。""这几个句子的意思一样，可以用一个成语来替换吗？"

④寻找亮点

我们在习作评价中，充分挖掘学生习作中的"亮点"，让学生获得习作的成功与喜悦，给学生以鼓励，因为学生总是期盼老师能够给他哪怕是一点点的肯定。我们常用宽容心态和独到眼光去发现习作中的亮点：赏心悦目的文字书写、大胆创新的观点、个性化的语言、独到新颖的感悟，甚至小到一个佳句、一个妙词等等，我们都予以肯定和赞扬，把学生带到激越亢奋的写作佳境中。

⑤淡化分数

习作的批阅不是简单的给一个分数而是重在习作的过程。所以，我们淡化分数，为学生树立信心。对待优生的学生习作的评价不求全责备，不吝啬分数。几次过低的得分，可以浇灭学生写作的希望之火；而逐步上升的分数或偶尔的高分，又可能让学生鼓起难得的信心。

（2）多维动态展示，体验成功乐趣

设置多种多样的作文展台，不仅可以让学生之间互相学习交流，而且还可以满足他们的成就感，激发他们不断提高自己的写作水平。

①用好个人成果袋，收集优秀习作

给每位学生准备一只档案袋，由学生自行设计封面，并取一个好听的名字。如"成长起步""闪亮的水晶心""苗苗圃""进步天使""未来作家"等。让学生把在报刊上发表的和自己满意的习作放入成果袋内。这样，一打开这个成果袋，每个学生都能感受到收获的喜悦，品尝到成功的乐趣。

②布置班级黑板报，展示优秀习作

选择学生日记中较好的请他们在班上朗读后在后墙上展览，每周定时更换。日记内容不限，有独到见解的，文字优美的，只要有可取之处就可以入选。这样，学生乐于将自己感兴趣的内容，感兴趣的题材作为日记材料写出来。当他们看到自己的日记上了墙报，特别有成就感，下一篇就更认真地去写了。

③利用学校公众号，发布优秀习作

"善表现"是学生的天性，我们借助这一点为学生营造习作展示的天地，通过班级公众号、校级公众号、少年百科知识报等为学生提供佳作展示的天地；鼓励学生参加报刊的投稿；教师审批，获得在学校公众号上展示自己写得满意的习作的机会。看着自己的习作出现在各种各样的平台上，学生的成就感油然而生，习作的兴趣更浓了。

3. 五年级——阶梯式习作：多维提升，精准评价

习作批改训练不是一两次习作课就可以做到的，学生批改习作的能力是需要循序渐进的练习才能达到。怎样的练习既不会增加师生负担，又可以让学生乐于参与。通过学习和探究，我们找到了一种适合班级学生特点的练习策略，即阶梯式习作批改练习。

（1）激发主体内驱力，改善习作课堂模式

所谓阶梯式是让学生有层级的、循序渐进地进行习作批改练习，由浅入

深地了解习作的谋篇布局，最终提高习作批改能力。阶梯式习作练习是让习作课堂回归到学生生活，让他们站在儿童视角下对习作进行练习、赏析和评价。每次习作练习的完成就是学生语文素养的一次很好的锻炼和提升。从而提高写作水平和思考能力，特别是文章的鉴赏能力。

我们都知道学生是学习的主体，教师只是参与者和引导者，在习作教学中我们也要充分激发学生的主动意识，用一种自主、合作、探究的学习方式引导和激发学生的学习潜能。

因此在阶梯式习作练习中我们时刻牢记学生是学习的主体这一前提，积极创设环境对学生进行习作批改练习。小学高年级学生要明白写作是为了自我表达和与人交流，学生通过有序、有目的、有层级的训练来达到习作批改能力提高的目标。每个步骤的练习都最大限度地调动了学生乐于表达的积极性，从而助力习作能力的提升。

（2）多维度训练，有的放矢

学生在经过自主积累、小组循环日记训练、阅读分享、习作互批的几个步骤后，基本上都可以独立完成习作批改，并能对他人的习作进行评价。这个过程中我们会有意识地对批改作品进行分配。优等生改后进生，后进生改优等生，不同等级的学生交叉批改，让优等生查找习作存在的问题并在自己的文章中避免此类错误的出现；后进生可以在潜移默化中学习优等生的行文特点，积累习作的金点子和好词句，为自己的习作积累大量的素材。

传统的习作批改都是：老师一本本地批改，这样既加重了老师的批改负担，也没有起到习作批改的作用，很大程度上限制了学生习作水平的提高。在阶梯式习作练习模式中，习作互批是学生通过层层练习达到的技能。

（3）多种方法引导，助推学生发展

通常，在开始批改前重温有关的习作修改方法，可以把这些写作的基本技能正确灵活运用到习作批改中。习作批改不是简单地改错别字那么简单，在进行批改前，老师对学生进行批改要求事项说明：

①批改前提是欣赏他人作品，以学习的方式进行批改。多说优点，为了让学生批改更有针对性，我们要求对别人习作提出表扬的地方最少不低于四处，找到的优点越多分数越高。缺点最少一个最多三个，鼓励学生只看优点，不要只盯着别人的批改，而忽略了发现别人习作的优点，在相互学习模仿借鉴中不知不觉提升习作能力，达到一箭双雕的效果。

②学习同学好词佳句，特别是在批改中遇到精彩的词语和句子，标注出来并在上面写出评语，好的词句是学生进行习作的关键，让学生通过批改他人习作，掌握更多好词佳句，丰富积累，有助于自己习作的提升。

③除了对内容进行详细批注，同学们还要对整篇习作进行总体评价，如习作结构、字体排版等方面是学生在批改时容易忽略的地方，殊不知谋篇布局也是习作学习重要的一方面，通过评改训练，培养学生习作思维。

例如在本学期第三单元习作《我的心爱之物》中，某同学在批改时把班级同学习作时的文章中用到的好词佳句勾画出来，批注用词的准确和精练。有的同学还把习作中的错别字、错误标点勾画出来，提示习作同学注意。还有同学注意到所改的习作没有细节描写，就在批注中注明哪里需要细节描写，哪里需要增减等等。除了有文字的批改批注，不少同学还指出了习作结构中出现的问题。比如，题目的占位要居中、标点符号要使用正确。这些问题都是老师们经年累月苦口婆心不离嘴的，但每次还是犯了再犯、错了又错。老师的批改并没有走进孩子的内心，所以即便是重复多次也达不到应有的效果。

在进行学生批改后，使学生在不知不觉中学到了其他同学的习作方法，提高了分析和表达能力，实现和同学之间知识的有效交流，也有效避免了自己习作出现问题，这相较常态习作老师的满堂灌有着很多优势，它有效避免了学生因无从下手而失去对习作模块的学习兴趣。那些经常重复出现的问题也少了许多，学生的习作质量得到了很大的提升。

通过一段时间的练习，学生的习作能力得到了很大的提升，不仅一改往日提笔不知写何语，更在此基础上获得了可喜的进步，先后有几名同学的习作被出版社收录出版，也有部分同学习作在市区级比赛中频频获奖。这些硕硕成果更加印证了阶梯式习作练习的效果不错。

当然，在这个过程中还存在许多值得反思的地方。如，教师应该及时对阶梯式习作练习进行总结对存在的问题及时整改；如何更大程度地放权给学生，让他们的主观能动性得到更大的发挥；可不可以再对学生进行更加专业的习作批改培训；等等。培养学生的习作能力不是一朝一夕的事情，它需要教师花费更多的心思，学习更多的理论知识，结合学生的特点进行整合形成的。虽然阶梯式习作练习策略取得了一些成绩也存在许多不足。但我们会不断地修改和创新，力争让这种习作练习策略的优势得到最大的发挥，服务于学生的习作学习，让每一个孩子都可以快乐学习习作，可以从中感受到习作带来的成就感。这样学生的语文素养也会在润物细无声中得到最大的提升，让习作教学展现它独有的美。

4. 六年级——创设征文活动：主动参与，深度评价

（1）创设情境，激发创作热情

如果我们能在作文教学中给学生创设体验和感受的情境，那么，学生的作文就会充满着个性和灵气，也能够激起他们写作的兴趣。教师通过创设征文活动的情境体验，将学生置身其中，从而激起学生写作的动机及热情，进入写作状态。我们所创设的情境又是指向习作的评改与发表的，那就真正打通了习作教学的"最后一公里"。

在教学六年级的习作单元时，我们就创设了"小小作家就是我"的征文活动情境，为学生搭建了班级展示平台、校内展示平台及校外展示平台，进行"小作家"的选拔。这样，就能够激发学生的习作热情，让学生有动力去进行写作，同时，又能够在教师教授完方法之后，将常常被忽略的习作的评改变为我们习作教学的重点。

进行了这样的情境创设后，教师开始从"儿童视角"出发，找到学生的真实起点与兴趣点，开始进行第一课时教学——习作方法的传授。

（2）制定量表，明确评价方向

教师在进行习作方法的传授后，让学生通过本单元所学，将自己所学结合本单元的单元要素，自己制定出评改量表，这样的量表由学生制定，学生进行修改，小组共同讨论交流后，最终确定评改量表。

**学生制定的评改量表**

| 要素 | 细化指标 | 自评 | 互评 | 师评 | 综合评 |
|---|---|---|---|---|---|
| 是否围绕中心意思写 | 能直接找出中心句 | | | | |
| | 中心句不明显 | | | | |
| | 没有中心句 | | | | |
| 是否围绕中心从不同方面选取事例 | 选取不同事例表达中心 | | | | |
| | 能读出中心意思但表达不清楚 | | | | |
| | 没有中心意思 | | | | |

续 表

| 要素 | 细化指标 | 自评 | 互评 | 师评 | 综合评 |
|---|---|---|---|---|---|
| 是否将重点写具体 | 详略恰当、具体 | | | | |
| | 有详有略，详细不够 | | | | |
| | 详略不明显 | | | | |

制定量表的过程就是学生对本单元所学的内容内化的一个过程，学生在制定量表的过程中也会对自己的写作方面更加明确，这个量表，既能够在学生写前做出指导，又能够为写后的修改提供参考。

(3) 搭建平台，多维展示

**习作推敲园**

①调动兴趣：抢占C位

"习作推敲园"上面有大家的作品，所有同学都可以根据我们自己制定出的评价标准来进行留言，帮助小作者修改，整理后进行修改，然后贴上去，依次循环，直到自己满意为止。

想要展示自己作品的同学，都可以来申请"专用位"，申请到的位置与你的积极性、申请时间、作品质量等都有关系。如果位置都被占满了，就只能找老师申请与对方作文进行PK，获胜的同学才能获得相应"专用位"。

②巧用评价：为你点赞

学生们从一稿开始就可以在"专用位"上进行展出，每一个专用位下面，会有一个评价框，每位同学都会有一个点赞贴，可以为进步最大或质量很好的习作，贴上点赞贴，老师则会根据点赞的数量，推荐到公众号或报刊进行发表。

人人都是小评委，人人都能欣赏好文章，对于每人只有一个的"点赞贴"同学们也是倍感珍惜，经常会多次观察，慎重思考。同时，为了调动大家全员参与，我们的"点赞贴"并不是单纯地为质量好的作文投票，也会为进步大的同学投票，同学们经常为了获得一个"点赞贴"一步一步地从一稿认真修改。就连我们班一位对作文不感兴趣的同学，在本单元的习作中，也积极参与"抢位"，还主动上台分享，经过多次修改，最终也赢得了展示和发表机会。

③多维评价：反复修改

学生们不仅仅是在评价框贴上"点赞贴"这样的评价方式，除了调动学生参与的积极性，争取做到全员参与，主动参与的同时，还希望能够通过评价，让学生达到深度参与的目的，于是，我们的评价还有这些：

学生完成一稿后在"专用位"进行展出，同学们参观后就开始根据评改量表进行评改留言，小作者还可以与这些留言进行互动，然后根据这些留言再来修改自己的习作，再在对应的一稿位置上贴上"二稿""三稿"依次类推，可以让小作者和其他同学们，一起见证不断的修改过程，小作者可以拥有满满的成就感，其他学生们看到别的同学这么努力，也可以找到榜样引领的方向。

而这样的生生评价，学生们更能够从学生的视角出发，提出更容易让同学们理解的建议，修改起来也会简单很多。当然教师也要参与其中，师生共同评价，可以拓宽思维广度，打开灵感大门。

（4）探索创新习作评改课

除上述评改途径，我们还特别注重探索尝试新的习作评改课。传统的作文教学及其不注重习作评改课的教学，一般教师评改完毕，从成人的角度挑选出几篇不错的文章作为范文，在班上读给同学们听，之后，这篇作文便被"束之高阁"，无人再问津，在学生心中也激不起半点波澜。

我们还在习作评改课上给予了学生自由充分的交流时间，放手让学生去探究思考：究竟怎样修改才能成为一篇好文章？这样在边评价边修改边展示的过程中，达到深度学习的效果。

①结合量表进行自评

小作者：我的这篇习作，从身边事选材，想突出"盼下课"的中心意思。通过同学们的评价建议，我发现我的第一稿选取了"老师没走，不敢下课"和"还未下课，却又上课"两个事例。但同学们都来问我第二个事例放在这里想表达什么？我才发现我的表述并不能突出"盼下课"的中心意思。

通过同学们和老师的评价建议，我进行了多次修改，为了更突出"盼下课"的中心意思，我保留了第一个"老师没走，不敢下课"的事例，把第二个事例换成了"无奈上课，再盼下课"，增加了"终于下课，愿望成真"这一事例。我重点写了"老师没走，不敢下课"的事例，运用大量的心理描写和语言描写来展现我盼下课的心理活动。略写了"无奈上课，再盼下课"、简述了"终于下课，愿望成真"的事例，完成了最为满意的终稿。

②结合量表生生互评

学生1：我发现这篇《盼下课》，小作者虽然选取了两个事例，但他并没有把"老师没走，不敢下课"这个重点部分的事例的心理斗争，盼下课的无奈焦急写清楚，而且语言表达口语化，叙述性语言较多。

学生2：我看到了这个作文从一稿到现在的过程。从事例选材，到详略安排，包括语言的表达，我亲眼看着这篇作文通过一遍遍的评改变得越来越好。在他修改的过程中，我也想到了自己作文中有一个事例既没有突出中心意思，也没有把重要部分写详细，所以后来也进行了调整。

学生3：我发现他的最终稿没有明显的中心句，但有明显的中心意思，所以我给他两颗星。因为我们这个单元的习作，如果做到既有中心意思又有中心句，那就是最高的要求了。如果是我，我觉得可以在开头加一句："这世上所有的学生最盼望的就是下课吧！"这就更好地在写作过程中一直提醒我们做到始终"围绕中心意思写"。

学生4：我发现他详细写了"想下课却一直没下成课"，而且能通过他的叙述清楚表达"盼下课"这一中心意思，所以我给他三颗星。

学生5：我发现他的作文写了三个事例，其中，有详有略，把想下课但是没有下课的事例写得很详细很具体，所以我给他三颗星。

……

接着师生共同就对字、词、句、标点等存在的问题进行修改。口念耳听，听到哪里不顺耳，就在哪里加工修改，经过这样的几道工序，文章逐步完美起来。

(5) 努力寻求校外发表平台

①巧用公众号，高效便捷

评价框中"点赞贴"最多的作品就会根据其数量进行逐一发表，我们开辟了488号童心园的公众号，及时发表，让同学们拥有满满的自信心。当把属于自己的作品的链接转发出来时，那对于学生来说是莫大的荣誉与成就感。

②妙用报刊，给予仪式

除了新媒体的发表平台，我们还努力为学生搭建报刊的传统发表平台，当学生看到报刊上印有自己的名字，当看到自己手写的作文变为印刷体，这无疑为他写作提供了足够的信心。每次拿到样刊的作文，我们还会在班上专属位置进行展览，他们便成了同学们心中的榜样，无疑能让身边的同学继续朝这个方向继续努力。这样的习作质量也一直在提升，同学们真正拥有了写作动力与写作方法。

2022 年 3 月 16 日新都区课堂现状调研展示

### （三）文言文教学模式课题：小学中段文言文"激发课堂"教学模式实践研究

文言文是义务教育阶段一种重要的课文载体，但传统的文言文课堂总是出现教师"一言堂"的情况。在"激发课堂"模式下，文言文教学该如何行走？课题组老师在年段的探索与实践，逐渐摸索出三种儿童视角下小学文言文课堂教学模式："读、说、演、评"——积累方法；"读、说、评、创"——激荡思维；"读、说、品、拓"——能力提升。

1. "读、说、演、评"——积累方法

根据文言文在中段的教学要求：激发学生学习文言文的学习兴趣，以及文言文本身短小精练、寓意丰富的特点。创新研究文言文教学模式"读、说、演、评",且将这个模式运用到了《司马光》和《守株待兔》两篇文章中。具体设计环节如下:

倪婷老师撰写的成果在2021年新都区小学语文教学案例评比活动中荣获一等奖

通过学生打开第一个锦囊,获得妙计——"读"。由此引发学生思考"读什么?如何读?",并在后面的环节中通过"个人试读、全班初读"做到读准字音;通过"小组比赛读"做到读好节奏;通过"男女分组读、全班起立读"做到读出韵味。

(1)疏通句意,说清故事

此环节立足于学生悟透"读",轻松、有趣达成目标的基础之上,顺势引入学习的第二步。通过学生打开第二个锦囊,获得妙计二——"说"。学生独立思考知晓,是要说文言的意思。通过三上二单元语文要素的学习"通过多种方法解决字词意思",学生能够通过:看插图、看注释、联系上下文等方式方法说通文意。此环节通过小组合作讨论、展示,呈现出不同形式的说故事环节:写文字、画思维导图,做到将故事说清楚。

(2)演绎人物,体会心理

落足于学生"读出文言故事画面""说出文言故事画面"的基础上,让学生拆开第三个锦囊,获得妙计三——"演"。通过学生演一演的方式,让学生更好的理解当时人物的心境，同时做到让学生深入情境，在当时那样危机的情况下：众的决定是"皆弃去"，司马光的决定是"持石击瓮破之"，引发学生思考：他们不同决定之下的内心究竟是怎样的？司马光救人的方式和常人又有何不同？

教师：同学们，只有读和说仅仅是不够的，接下来请学生抽取下一个锦囊。

学生：演。

教师：同学们，你们想一想孩子们为什么跑走了？

学生：想象孩子们当时的状态。

可能是因为害怕，所以跑走。

可能是因为想找人帮忙，所以跑走。

……

引导学生再读：众皆弃去。

引导学生反复读：司马光在认真地思索着，于是做了这样的决定，读"光持石击瓮破之"。司马光来不及丝毫的犹豫，再来读。眼看着同伴在水里挣扎，情况多么紧急，司马光抱起石头，再读。

教师：那咱们能把当时的情况，演一演吗？

学生：小组合作，演一演。

教师：那么同学们，为什么司马光当时要"持石击瓮"来救出落入水缸的孩子？救人的方式有何不同？

学生：思考救人方式的不一样，如果紧急情况下无法让人离开水，那就让水离开人。

（3）品析人物，谈谈感受

通过情景的再现，学生能够真切地体会人物特征，再打开最后一个锦囊，获得妙计四——"评"。通过提问"你想对故事里的他们说些什么？"让学生从不同的角度思考人物的差异性，谈一谈自己对故事里人物的看法，以及能学习到的精神，升华学生的情感。

教师：同学们，故事讲到这里，相信你们心中对每个人物都有自己的看法，因此，请出咱们最后一个锦囊：评。评评你们心中的人物。

你想对他们说些什么？

学生：自由谈对人物的看法。

教师：所以同学们，学习文言文还难吗？其实并不难，只要我们学会"读、说、演、评"。

[小结] 其实无论是我们学习过的《三字经》《千字文》还是《论语》，还是我们耳熟能详的诗句，都是古人智慧的结晶，希望你们在今后学习古文当中，能越学越轻松，越学越精彩。

最后，再次读一读，背一背。

2."读、说、评、创"——激荡思维

从三年级开始，我们开始尝试"读、说、演、评"的文言文教学模式，但是学生随着年龄的升高，"演"故事已经不能满足学生能力发展的需要，神话的丰富的想象也不能通过课堂上短短几分钟的表演呈现出来。为此在不断地磨课和同课导构实践中，我们进一步探索，打磨出"读、说、评、创"的文言文教学模式升级版本，更好地理解和传承经典的神话文言故事。

（1）读出韵味，涵养意蕴

在学习《精卫填海》前，四年级的同学已经在之前的学习中接触到了《司马光》和《守株待兔》两篇文言文。经过前两篇文言文的学习，大部分学生都已经掌握了一些学习文言文的方法和技巧。因此，在"读"这一大教学环节下，我们设计了3个步骤，来读通文言文，了解文言文的朗读技巧。

①读准字音

刚接触一篇新的文言文，在教学初始，我们先出示自读要求，让学生读准生字和新词，同桌之间一人听，一人读，互帮互助，扫清字词读音障碍；再指名学生尝试读文，生生评价字音是否正确，朗读时是否通顺连贯。《精卫填海》文本短小，学生通过相互学习，读来并不需要花费太多工夫。

②读出韵味

在读准字音，读通句子之后，教师范读，学生评议师生朗读的不同之处，并借助节奏线在文本中批注，感受文言文朗读的特点——应读出停顿，有节奏，再以多种形式的朗读训练，同桌读，小组组内读，全班读，学生逐步感受并强化体会古文的韵味。但此时，教师可以基于学生的经验，教给学生文言文朗读技巧——声断气连，帮助学生精准把握节奏，读得字正腔圆、节奏分明。

③熟读成诵

在课堂中，学生通过各种形式的反复"读"，他们能快速背诵这样简短的、富有节奏的故事文本。"读书百遍，其义自见"，学生在"读"的过程中，既明白了朗读文言文的基本过程，又初步感知文言文的内容，掌握了新的方法，获得了新的学习经验。

（2）复述故事，身临其境

对学生而言，正确朗读简短的文言文并不难。然而，本单元的语文要素要求"了解故事的起因、经过、结果，学习把握文章的主要内容"，在本课中，学生要达到这一目标，必须先疏通文意，了解故事的主要内容，用自己的话来"说"故事。

联系上下文、结合注释、借助插图等理解文言文的方法，都是学生已知学习内容。那么，教师就要引导学生从其最近发展区逐步到达新的发展区，灵活运用这些方法，来读懂文言文大意。教师以阅读任务"读一读课文，在学习小组中用自己的话讲一讲这个故事"，引导学生进入内容理解板块，穿插着理解字词，合作学习，梳理故事内容，在同一学习小组中，学习能力强的同学发挥自己的优势，给学习能力相对薄弱的同学讲解示范。短短的几分钟讨论分享，孩子们就能攻克难理解的字词，尝试练习说故事。自信大胆，喜欢讲故事的同学还能成为小组代表，代表他们整个组在班级中来分享故事。此处，学生可以逐句梳理故事大意，也可以加上自己的阅读积累，适当扩充故事内容，只要帮助大家理解了故事内容，就是成功的故事表达。

（3）评价人物，传承精神

根据本单元的单元目标，我们依然利用这个简短的故事来训练找出《精卫填海》这一故事的起因、经过和结果，"请同学们找出故事的起因、经过和结果？"同学们利用自己的预学单，各抒己见，最后落定聚焦于"溺而不返，故为精卫"，此句为故事的起因，"常衔西山之木石"为故事的经过。基于"预测"的课文学习方法，孩子们自主发言，预测故事的结果，可能继续填海，也有可能海被填平了……尽管故事的结局各不相同，但是从他们的预测想象中，孩子们自主地体会到神话故事的情节之神奇。

评价人物形象是在梳理故事的行文脉络时自然而然生成的，在感受精卫"常衔西山之木石"时，我们引导孩子们想象，"在衔石填海"的过程中，精卫会遇到哪些困难？孩子们的回答十分精彩，有的说会有毒蛇猛兽的袭击，有的说会遇到狂风巨浪，有的说会有各种妖魔鬼怪的阻拦……带着这些感受，我们再次朗读"常衔西山之木石"，读出精卫填海的艰难，在读中感受精卫填海的坚持不懈。基于充分的想象和朗读，在解决课后练习"精卫给你留下了怎样的印象"时，学生们轻松地说出她身上那坚持不懈、不怕困难、坚韧不屈的精神。

从故事走向人物精神，老师们只用当好引路人，带着学生去挖掘神话故事背后的人文精神。学生深入文本，与人物对话，就能体味到他身上值得我们学习的精神。

(4) 创编故事，拓展延伸

①征稿比赛、激发创编欲望

文言文的最大特点是言简意赅、语言凝练性强，但是缺少一些趣味。而神话文言文要品出神话丰富的想象力，让故事变得更加精彩，在学习中更需要学生联系上下文，进行丰富的联想与想象。只有读透了，想开了，才能品出《精卫填海》这个故事世代相传的意义。

因此，我们在课堂中创设了一个故事征稿的教学情境，由故事专家来评判征集最佳故事稿件。故事专家在和孩子们的互动见面过程中，逐步引导，小组讨论表达，在一次次互动交流中，和孩子们共同梳理出写好故事的法宝：一是发挥神奇的想象；二是用上不同的描写手法，比如心理描写、动作描写、语言描写、环境描写等；三是用上比喻、拟人、夸张等修辞手法让表达更生动。学生们在这样的方法指导下，小组合作创编故事，学生们各司其职，有人执笔记录，有人发挥想象创编，有人负责展示表演，人人有事做，人人都在课堂中动起来，参与度极高。

附部分学生创编的精彩片段：

组一（经过部分）：女娃变成精卫鸟后，心中愤愤不平，向天地发誓：我一定要把东海填满，不要再让其他人像我一样溺死！"于是精卫鸟来到西山，东找找，西看看，花了一上午的时间才找到一些小石子和小树根。这时，一只狐狸跑来说道："你这样永远不可能填完的！"可精卫鸟还是不放弃搜寻石子和树枝。树林里的一群鸟发现后对精卫鸟说："不要和他费口舌了，我们来帮你。"过了许久，东海上方乌黑一片，放眼望去，原来是一群鸟，他们张开嘴，无数的小石子和小树根，从天空落下，东海就被这么多小石子和树根给淹没了。

组二（起因部分）：有一位可爱美丽的女娃去浩瀚的东海游玩。女娃坐在船上，摇动着船桨，当女娃摇到东海中心时，一只海怪突然出现，对女娃说："你的爸爸曾经得罪了我，我要把你杀了，让你爸爸尝尝痛苦的滋味。"于是，海怪把女娃拉进海里。

②分享故事，感悟神话特点

通过学生的作品表达，我们可以发现，将创编故事的方式引入课堂，一方面促进了学生对课文内容的深度理解，另一方面是结合本篇神话文言文的故事特点，故事的结果是开放性的，在这样的创编故事训练中，学生充分发挥想象、深度思考、个性地表达，不仅训练了学生的语言输出能力，更让他们的文言文学习变得更加主动，学生不再是被动接受和死记硬背课文里的文言知识，反而成了故事的创编者，他们成了课堂的主人，去创造更加精彩、更加神奇的故事。

在《精卫填海》课堂教学小结中，以文言文学习方法"读、说、评、创"为起点，由《精卫填海》的学习，拓展到《夸父逐日》的阅读，再延伸《山海经》中其他的神话故事阅读，从而打通由学一篇到一类文的通道，让学生对我国古代神话有了进一步认识，让他们在面对其他的神话故事阅读和学习中，有了学法可依，方法可循。

3. "读、说、品、拓"——能力提升

（1）读——读通句子理文本

小学高段的学生已经具备了较好的朗读基础，因此，在朗读的基础上提高对学生的要求，能够在朗读的基础上一边朗读文言文一边梳理文本信息。

（2）说——疏通文意抓细节

文言文学习的突破口在于学生对文中词句段的理解，弄明白了其中的意思有助于他们了解全文内容，更好地体会文章所表达的思想感情。在高段文言文学习中，可设计让学生先通过自主完成文本的学习，再通过小组合作解决自学过程中不明白的问题。边读边划出停顿，感受文言文的节奏，为后面学习内容扫清了障碍。以《学弈》为例，这篇文言文只有五句话，七十个字，但却蕴含了深刻的道理，引人深思。下面请同学们先自主完成课文疏通，把有问题和不懂的地方做上标记。

(3) 品——感知内容引思考

在小学高段可以利用知识竞答的方式，把学生学习的成果外显出来，这种竞答很好地激发了学生的参与热情，在游戏中不知不觉掌握了重难点词句段的理解。还通过改写句子，让学生把学到的知识巧妙地转化成对身边人的观察上，提高了学生对文言文的兴趣，在玩中学，在情境中激发学生思考力。

同时，针对小学高段的学生可引领学生在感悟主旨的基础上，谈自己的感悟。例如在《学弈》中，本环节是在梳理完课文基础上进行全文的分析：为什么同样受教于棋艺高超的弈秋，两人学习的结果却大不相同？让学生带着问题在文中找寻答案，并用原文回答。在勾画对比中学生更加体会到做事情不能三心二意，唯有专心致志才能学到真本领。我还设计了"如果让你给第二人写一句劝诫的话你会选择哪一句"这个问题让学生结合平时积累的古诗词、名言警句进行回答，对学生的语文素养进行了考查，让学生学会对语文知识进行积累。

(4) 拓——拓展延伸促成长

本环节是考查学生学习方法的迁移，如在教学《学弈》一文中，可选取《宋濂嗜学》一文，这则文言文无论是字数还是难度都符合学生的学情。教学中让学生根据学习《学弈》的方法，通过自主和小组合作完成练习，让学生把所学知识通过拓展阅读展示出来，以达到拓展延伸促成长的目的。还可以课下多提供几篇类似的文言文，让感兴趣的同学对所学方法进行再次的巩固复习，激发学生学习文言文的热情。

**(四) 整本书阅读"激发课堂"模式初探**

2022年9月29日，蚕丛路小学语文教研组教师接到新都区教育局文件通知推选"整本书阅读"赛课参赛教师。两位教研组组长立即组建团队进行课标解读、教材解读、学情分析、设计理念、导学流程、创新原点等多角度思辨，得到了新都区教育科学研究院小学语文教研员赖立莉老师、王长银老师的鼎力支持。

10月21日晚，柳黎老师得到代表新都区参加成都市第九届群文阅读暨课外阅读优质课竞赛活动的通知，在成都市双流区圣菲小学呈现了一堂充满思辨的整本书阅读课。

# 读完·读懂·读深·读广
## ——《小英雄雨来》汇报展示课例

### 【设计理念】

1. 为真学而真教。传统的语文教学更多地局限于课堂和文本，与学生的真实生活没有密切的联系，语文学习缺乏真实的情境，不能唤起学生的生命体验，学生往往置身于一个"陌生"的世界，很难将文本的知识、能力、价值内化为自己的东西。"为真学而真教"就是找准学生的真实起点，直击学生的疑难点，让学生的成长在课堂上真实发生。

2. 差异发展学生。一个班级的学生水平不同，为了让每一个孩子得到发展，本节课设计了难度各不相同的活动，让学生根据自己的兴趣爱好和优点进行选择，从课前、课中再到课后差异化发展和评价学生。

### 【学情分析】

1. 关注学生兴趣点。本书的故事无论从情节的发展，还是从主人公的命运来看，都非常传奇，六年级的学生喜欢阅读故事性很强的文章，这是调查后我们发现学生的兴趣所在。

2. 找准学生疑难点。问卷中学生对那个时代为什么雨来是英雄还有疑惑。

### 【教材解析】

《小英雄雨来》中"雨来为掩护革命干部与敌人斗智斗勇"这一主题入选统编版四年级下册教材，是第六单元的第一篇课文。这就决定了这篇课文的教学要从课内到课外、从单篇到整本书阅读，以扩大学生的阅读视野。这一单元的语文要素是"学习怎样把握长文章的主要内容"，也就是培养学生的概括能力。六年级的整本书阅读是在原来单篇阅读基础上的延伸和拓展。整本书共41个标题，讲述了7个完整的故事，第一篇是"雨来没有死"，后面的六个故事分别是"诱敌入地雷阵""一起去参军""勇救杜邵英""智救八路军""夜送鸡毛信""加入战斗"。每个故事都能独立抽出，成为一篇完整的小说。每个故事又都相互关联，从不同侧面塑造了雨来的抗日英雄形象。

《义务教育语文课程标准（2022年版）》特意把"革命文化"作为语文课程内容的"主题与载体形式"予以明确提出，并将表现英雄人物和革命传统的图书，如《小英雄雨来》《雷锋的故事》《可爱的中国》等作为整本书阅读篇目，安排在"拓展型学习任务群"中。

《小英雄雨来》阅读安排在小学语文六年级上册第四单元的"快乐读书吧"版块。指导学生结合"读小说，关注情节、环境，感受人物形象"等语文要素阅读《小英雄雨来》。

**【导学目标】**

1. 对书中主要人物有比较全面的认识，了解事件梗概，能简单描述印象最深的场景、人物、细节，说出自己的喜爱、憎恶、崇敬、向往、同情等感受。

2. 在丰富的情境中感悟"英雄"的含义，培养学生的思辨能力，明白时代与英雄的关系，感悟少年英雄的成长，从一个英雄走向一群英雄。

3. 由"一本"走向"一类"，运用讲述、评析等方式交流交流自己获得的启示，树立正确的价值观，培养勇敢、坚定、爱国等品质。

**【导学重难点】**

1. 重点：掌握阅读小说的方法，感悟英雄是在怎样的环境和背景中成长起来的。

2. 难点：由"一本"走向"一类"，通过对此类作品的阅读，提高阅读能力，树立正确的价值观。

**【导学流程】**

## 一、情境导入，凸显英雄。(7分钟)

**(一) 教师活动**

亲爱的孩子们，这段时间我们共读了《小英雄雨来》，老师用镜头记录了这场阅读之旅，让我们一起重温你们阅读时的美好时光。

看，你们制订了阅读计划；

完成精美的摘录笔记；

教室、图书馆、操场，到处都是你们读书的身影；

我们一起围坐聊书、欣赏电影、配音朗读，采用丰富的形式阅读；

表演，讲故事，原创诗歌，完成丰富的阅读成果；

俗话说"自古英雄出少年"（板书），我们继续走进小英雄雨来的故事。

"大家都读完这本书了吗？""读完了。"这么坚定。老师要检验一下，请看大屏幕，抢答开始！

你们能够迅速提取正确的信息，看来你们说的是真话。（板书：读完）

（二）学生活动

1. 观看花絮。

2. 抢答题目。

设计选择题、连线题、填空题和问答题等传统书面测试题型，也可以是谜语式的口头表达测试题型，由一学生出谜面，其他学生猜谜底。也可以出一些趣味测试题，比如图文组合猜人名、情节等。

（题目涉及信息提取、理解应用、评价欣赏三维度，指向文章体裁、人物形象、故事情节、人物性格、人物关系）

【设计意图：花样制卷，让评价更加多元化，能够促使学生积极参与到阅读过程中、体验阅读的快乐、收获阅读的自信和成功。】

## 二、分享展示，体味英雄（15分钟）

（一）教师活动

读完还不够，读得怎么样，请同学们分享阅读单上的第一部分内容。

苏轼说"横看成岭侧成峰，远近高低各不同"。山有万象，人有千面，听了你们的汇报，你们读出了千面的雨来，一个真实的，立体的，有血有肉的雨来。这算是读懂了。（板书：读懂）

课前老师搜集了你们最感兴趣的地方，集中在这几个情节，今天，有几位小朋友把热度最高的"扁鼻子军官"带到我们的课堂上，请孩子们观看表演的同时思考在这个片段中你看到了怎样的雨来。

▶演绎英雄

（过渡：你觉得他表现得怎么样？语气？姿态？你会给他什么建议或者你会怎样呈现呢？试一试。）今后的阅读中我们也可以采用这样的方式表达我们的阅读感受。

（二）学生活动

1. 生思考并写下人物性格的词语。

2. 四人讨论，一人板书关键词，一人陈述理由，关键词相同的小组进行补充。

学生点评：××组的表演身临其境，让我看到不屈不挠的雨来，宁可挨鬼子的拳头，也不……；宁可……也不……；宁可……也不……

【设计意图：本环节为学生创设了一个个不同的情境，将每个学生的兴趣点和擅长之处联系。根据学生的差异性进行分层教学，让每一位学生都能展示自己的风采，让每一位学生都能感受阅读的乐趣。】

### 三、思辨升华，塑造英雄（10分钟）

#### （一）教师活动

老师对你们的疑难点也做了梳理，发现遗留下来的问题是：作者为什么把雨来称为小英雄？雨来小小的年纪是如何成为英雄的？

我们一起去找寻破解难点的密码，它就藏在我们的书中。

请孩子们完成阅读单第二题。

你们的汇报让我感受到雨来的悲伤和欢乐，经历他的成长。正如你们所说，雨来能成为英雄和那个时代以及身边的人有密切的关系。日本侵略中国之时，英雄们用鲜血铸就了今天的太平盛世，这是时代造就英雄！（板书）

雨来是唯一的英雄吗？

有几位同学给你们带来一个彩蛋——英雄谱，边听边思考，谈谈你最真实的感受。

你们绘制的英雄谱让我们感到震撼，本书中有许多的英雄，有的有名字，有的只有一个身影，但他们依然是英雄，因为英雄不问出处！（板书）

#### （二）学生活动

1. 合作完成阅读单小组合作，汇报。
2. 从一个人走向一群人分享感受。

【设计意图：《义务教育语文课程标准（2022年版）》在整本书阅读的"教学提示"中建议"创设自由阅读、快乐分享的氛围，善于发现学生阅读整本书的成功经验，及时组织交流与分享；善于发现、保护和支持学生阅读中的独到见解。"本环节用不同的词语在沟通交流中感受立体的人物形象，关注小说的三要素，提高学生的鉴赏能力。】

### 四、拓展延伸，寻找英雄（8分钟）

#### （一）教师活动

读到这里，孩子们，你们把书读深了。

孩子们，那个战火纷飞的年代已经不在，但英雄还在一批批涌现，你还能想到哪些英雄？

你们的想法和老师的不谋而合，真是英雄所见略同！（板书）

请同学们看到黑板上，请问这些英雄有什么不同？

让我们在同学们的分享中去这一类红色经典作品中寻找英雄的足迹！这就是把书读广了。

**（二）学生活动**

1. 辨别"英雄"。

2. 从一本走向一类。

【设计意图：本环节以问题串联，让学生不断积累整本书阅读经验，养成良好阅读习惯，提高整体认知能力，丰富精神世界。】

成都市第九届群文阅读暨课外阅读优质课展评活动

十年磨一剑。柳黎老师专注于研究"整本书阅读"，她是蚕小语文组着手尝试"整本书阅读"的第一人。自本次校本教研展示课后，柳黎老师也并没有停止对"整本书阅读"的探究。2022年10月，柳黎老师再次抱着对"整本书阅读"的理解，在新都区"整本书阅读"赛课活动中以《小英雄雨来》突出重围，获得新都区第一名的好成绩，并代表新都区参加成都市"整本书阅读"优质课展评活动，最终获得成都市二等奖！

2022年成都市小学语文群文阅读暨课外阅读优质课展评活动颁奖典礼

## 五、研究效果

### (一)焕发了学习语文的主动精神

研究实践中,我们对学生学习语文的主动精神进行了跟踪观察、观测的检测。检测的指标是学习动机、学习态度、学习情绪情感和学习行为等四项观察,观测的内容和要求14项,平时的观察检测,随研究实践的推进,呈现逐步上升的趋势,终结检测的统计结果如下表。

**小学生学习语文的主动精神状况检测统计(抽样受检60人)**

| 评价指标 | 评价的期望值内容和要求 | 评价等级 | | | |
|---|---|---|---|---|---|
| 学习动机 | 正确领会了学习语文的重要性和必要性 | 29 | 25 | 6 | 0 |
| | 有学好语文的愿望、需要和浓厚的学习兴趣 | 42 | 12 | 5 | 1 |
| | 有自己学语文的明确目标和较强内驱力 | 31 | 24 | 3 | 2 |
| 学习态度 | 学习态度积极、向上、开放、认真、严谨 | 46 | 8 | 4 | 2 |
| | 自觉制订和推进自己学习语文的计划安排 | 27 | 25 | 7 | 1 |
| | 上课精力集中、观察细、参与广、思考深 | 30 | 19 | 6 | 5 |
| | 会自我调节学习状态,反思与评价学习 | 22 | 28 | 8 | 2 |

续 表

| 评价指标 | 评价的期望值内容和要求 | 评价等级 | | | |
|---|---|---|---|---|---|
| 学习情绪情感 | 学习语文热情高、情绪饱满、自信心强 | 30 | 21 | 6 | 3 |
|  | 情感投入，入景融情，染情于景、于文、于事 | 27 | 28 | 5 | 0 |
|  | 在学习中获得了积极的情感体验 | 25 | 26 | 5 | 4 |
| 学习行为 | 主动自觉参与和融入各项语文学习活动 | 27 | 29 | 4 | 0 |
|  | 大胆提出问题，独立分析、探究语文问题 | 26 | 24 | 7 | 3 |
|  | 主动与师生交流互动解决学习中的问题 | 23 | 28 | 4 | 5 |
|  | 注重广泛阅读，积累语文知识和动手练笔 | 21 | 27 | 6 | 6 |

通过对上表的观察分析，其数据的规律表明：

1. "我要学好语文"成为发自学生心底的呼唤

从对学生学习语文动机的三项内容和要求的检测统计数据看，90%以上的学生能正确领会学习语文的重要性和必要性，都有了学好语文的强烈愿望和浓厚的兴趣，有了学语文的明确目标。不少学生在学习中逐步认识到：学好语文是学好其他学科的关键，语文没学好将大大影响其他学科的学习，从而影响自己整个学习质量；学好语文将很好地培养我们的分析理解能力、表达能力、归纳概括能力、收集信息的能力等等；这些能力的形成将对自己学好数学、学好自然、社会等学科起积极作用。在语文学习中，他们对语文学习产生了浓厚的兴趣，都迫切希望把语文学好，自觉地为自己学习语文制订了计划，制订了奋斗目标，比如，课前预习计划，课外阅读计划，自发组织的语文兴趣小组活动计划，写作训练计划（如天天写日记，除了课堂作文外，每月写一篇作文等）等等，形成了学习语文的强大内驱力。

2. 学习中，态度积极，情感投入，尽情地体验

通过研究的实践不仅引发了学生学习语文的内在动力，而且使他们有了学好语文的积极态度。从对学生学习态度的四项检测检查的统计看，81%以上的学生，学习语文的心态开放，严谨认真，积极向上，不断进取，主动积极地推进自己学习语文计划的实施，上课精神集中，观察细致，参与面广，深入地进行思考，自觉地调控自己的学习，使之达到最佳状态，提高学习效

率。从对学生学习情绪情感的检测统计看，85％以上的学生能够自觉去体验、分析总结自己的学习过程，并给予正确评价；他们在学习语文过程中热情高，情绪饱满且稳定，而不是时冷时热，三天打鱼两天晒网；他们在语文学习中表现出较强的自信心，情感投入，入景融情，染情于景，于文、于事，用心地体会学习语文的乐趣，尝试语文学习过程中的快乐，获得了积极真实的情感体验。

比如，在教学实践中，我们设计了许多尝试探究的小组合作学习，开始，不少学生在小组活动中处于被动状态，思维不活跃，行动不积极，总是被动而机械地去参与活动，课堂死气沉沉，学生之间几乎没有交流，师生之间不能产生互动，学生语文学习情绪低落，主动性差。随着研究实践的深入，学生和教师都发生了深刻变化，死气沉沉的课堂逐渐变成一个个鲜活生命体的涌动与雀跃；同学们不仅能积极主动参与，而且积极思维，积极创新，踊跃发言；不仅能积极讨论老师给出的问题，而且还能创新地思考与提出相关的问题；在小组合作学习中，有的做记录，有的查看资料；有的发表自己的意见，有的聆听思考，有的归纳总结，收到了较好的效果。

3. 自主与协作探究学好语文变成学生自觉行为

从对小学生学习行为的四项内容和要求的检测统计数据看，研究的实践充分地调动了小学生自主参与和探究学习语文的自觉性。80％以上的学生在语文课中能专注倾听，细致观察，深入思考，并积极动手实践，主动自觉地融入各项语文学习活动，他们大胆提出问题，独立分析问题，尝试探究学习，主动与教师互动，与同伴互动，进行协作学习，相互碰撞、促进，共同解决语文学习中的问题；课后，同学们还积极广泛地开展课内外阅读，自觉收集语文素材（信息）。如文章中优美的词、句，精彩的段落，还有名言警句、俗语等，并将其归类，运用于学习实践中。同时，学生还自觉主动地对自己的学习进行总结，逐步改进自己的学习方法，调整学习路径，提高学习效率。例如，学生在对作文素材的收集上，研究前大多数学生只会收集而不会整理、运用，收集的信息总是零星的，杂乱的，运用起来很不方便。研究后，他们学会了把材料进行分类收集，比如语言素材分为词、句、段，或者分为写人、写事、写景、说理等类型，并对这些材料进行细致研读，主动做些批注，写出一些读后感想，使之变成自己的东西，运用于写作实践中，这样，学生学得主动、行为自觉，不断丰富了语文素养，积累学习经验，体验学习经历，提高了语文素养。

**(二) 培养了学生的探究学习能力**

1. 学生学会了提出富有挑战性的探究问题

探究是针对问题的探究，这是探究学习的第一要素，提出的问题要有挑战性，没有挑战性和没有价值的问题，探究毫无意义。研究开始时探究问题常由老师提出，随着研究的深入，学生自己逐步提出一个个值得探究的问题。如教学《草船借箭》一文时，学生就能从题目入手，提出如下问题：①为什么要借箭？（原因）②谁向谁借箭？（人物）③怎样借的箭？（经过）④借箭结果怎样？（结果）等问题。学生很快能解决①、②个问题。第③、④个问题有一定的难度，学生带着问题，品读课文，观察感受相关情境和影像，从中自主寻找答案。又如教学《鸟的天堂》一文，学生提出：鸟的天堂应具备什么条件？此问题难度大，综合性强，富有挑战性。学生有兴趣地观看了野生动物园，鸟生活环境的影像，感悟了课文的内容，并在小组合作探究中得出答案：①树多，茂盛；②鸟多（种类多，数量多）；③人和动物和谐相处（不许打鸟，伤害鸟）；④充足的食物；⑤丰富的水源。总之，研究为培养学生的问题意识提供了适宜的环境，创造了鼓励学生质疑问难的良好氛围，增强了学生的问题意识，使他们学会了提出富有挑战性的问题。

2. 学生搜集、处理语文信息资源的能力增强

语文信息浩如烟海，如何收集、提取、处理、利用，构成了学生进行知识创新和学会如何学习的基础。过去学生基本上都是从书籍、报刊抄在自己的专用本子上。研究提高了学生的信息素养，拓宽了收集、提取语文学习信息的渠道，全校绝大部分同学都学会了利用网络查找语文学习资源，并运用信息处理平台，检查、下载、存储、编辑分类，处理与整合语文资源，不少同学还建立了自己的网页。如学习《清明上河图》时，由于小学教材都是黑白版，对这幅图的真实面貌看不太清楚。学生上网搜索，利用百度搜索引擎输入"清明上河图"几个字，网上马上出现有关的资料。学生看到了彩色版的《清明上河图》兴奋不已。他们学会了利用网上资源，收集信息的能力也得到了进一步增强；利用网上资源的兴趣倍增，为以后解决问题提供了便捷的方法。教学《向往奥运》时，多数学生不知道2008年奥运会的会徽是什么，有的只略知一二，叫画也画不出来，下课后，他们想到了上网查询，等第二节上课时，他们找到并打印出来了。

### 3. 自主与合作探究语文问题的能力获得很好发展

我们在研究前对学生比较缺乏的十种学习能力的发展情况进行了问卷调查检测，发出问卷300份，其中语文教师25份，领导、中层干部、年级组长等12份，二至六年级各随机抽取了一个班的学生，发放问卷263份。

**研究后学生自主与合作探究语文问题的能力提升情况调查统计**

| 项目 | 提升显著% | 提升较显著% | 有所提升% |
| --- | --- | --- | --- |
| 认识自己语文学习基础和发展潜能的能力 | 72.3 | 22.7 | 5 |
| 自我提出语文探究学习有价值问题的能力 | 65.4 | 31.1 | 3.5 |
| 自主观察、体验语文学习情境的能力 | 79.8 | 18.1 | 2.1 |
| 自我调节语文学习状态与学习行为的能力 | 51.6 | 43.6 | 4.8 |
| 自主探究发现和解决语文学习问题的能力 | 64.9 | 37.4 | 6.7 |
| 自己思考、归纳、展示语文探究结果的能力 | 63.5 | 29 | 7.5 |
| 相互倾听、倾诉、表达交流观点的能力 | 71.4 | 21.3 | 7.3 |
| 相互质疑、协商解决语文学习问题的能力 | 61.2 | 30.7 | 8.1 |
| 在互动中相互吸取营养、丰富和发展自己的能力 | 57.5 | 36.3 | 6.2 |
| 自我反馈、评价和互评学习成果的能力 | 54.6 | 37.6 | 7.8 |

从上表中的统计结果看，92%以上的认为：学生认识自己语文学习基础和发展潜能的能力，自我提出语文探究学习有价值问题的能力，自主观察、体验语文学习情境的能力，自我调节语文学习状态与学习行为的能力，自主探究发现解决语文学习问题的能力，自己思考、归纳、展示语文探究结果的能力，相互倾听、倾述、表达交流观点的能力，相互质疑、协商解决语文问题的能力，在互动中相互吸取营养、丰富和发展自己的能力，以及自我反馈、评价和互评学习成果的能力都获显著或较显著的提高，提高幅度较小的是极少数。这充分

说明，研究使学生自主与合作探究学习语文的能力获得了很好的发展。

**（三）显著地提高了语文教学质量**

1. 学生语文综合素养得到良好培养

一是人机交互的探究识字提高了识字和用字水平。学生在探究识字中，有效摆脱了被教师牵着鼻子走的状况，主动探究识字，将看、听、说、写、打、想紧密结合，充分调动了学生的眼、耳、口、手等多种感官，手脑并用，自始至终参与识字全过程，看打、听打、想打，不断加深了对汉字的音、形、义的理解，尤其是在想打训练中，及时地看生字打词，看图打句，看图打一段话，识字和用字的效果很明显。加上教师非常注意利用认知码及时纠正学生在笔画、笔顺、读音、部件和间架结构等方面出现的错误，又加深了学生对语文知识的理解和巩固，有效地提高了学生识字和用字的效率、效果和能力。在检测中发现，学生各阶段的识字量都远远超过了规定要求的标准，对字音、形、义的掌握程度和用字的水平，令参检教师感到惊奇。学生的普遍反映："人机交互、自主探究识字，轻松自如，与做游戏一样，学得快、记得牢，容易理解和应用。"

二是探究阅读丰富了语文知识，提升了学生的多种能力。过去的阅读教学常常是教师范读，并结合课文的重点字、词、句、段进行讲解，学生实际默读与朗读的机会很少，影响了学生对课文的独特感悟。研究的探究阅读，把阅读机会和时间还给了学生。

媒体课件支持的探究阅读，学生在特定的情境激发下，通过交谈或轻声朗读整体感知课文，提出探究问题；学生带着问题品读课文，利用课件进行超文阅读，并与阅读竞赛结合。学生阅读的时间、机会和阅读量增加了，阅读的方式多样化了。研究的观测和检测发现，学生学得主动，寓学于乐，丰富了语文知识，形成了独特的感悟，有效地提高了学生的阅读水平、阅读、表达等多种能力。

网络环境支持的探究学习，在具备多媒体环境支持的阅读优势的同时，又增加了人机交互阅读，人机互动探讨，资源也更丰富，在提高多种能力的基础上，显著地提高了学生的语文学习水平。如：对课文的探究阅读，把阅读与感悟引向深层次；单元主题的探究学习，使学生融通了知识，形成了知识结构，并拓展了语文知识领域；网络环境的综合实践探究活动，提升了学生运用语文知识，解决实践问题的能力，加强了跨学段语文知识的联系，并向相关学科拓展、渗透、交融。特别是在检测中发现，学生利用网络检索阅读，或进行调查、搜集、提取与语文学习相关的数据、素材、证据和资源，并运用信息处理平台对语文信息进行重组、再创造和展示，学生表现出来的搜集和处理语文信息能力、获取新知识能力、解决语文问题的能力和交流与合作能力及提高语文素养令我们十分欣慰。

三是"习作评价"提高了学生作文能力和水平。习作是小学生必备的语文素养。蚕丛路小学语文教研组成立文学社，用文学社带动习作尖子生执笔写作。至2022年11月，我校带领一批又一批的学生积极参与市级征文比赛。2021—2022年，我校在市区级征文比赛中获奖59项；学生累计在省级报刊发表作文18篇。

2. 全校语文教学水平不断得到提升

下表是研究三年中，年段调研全区统一检测成绩情况统计。

**2019—2020年语文调考成绩统计**

| 统计年度 | 及格率 | 优生率 | 全区名次 |
| --- | --- | --- | --- |
| 2019年度 | 85.7% | 30.7% | 26位 |
| 2020年度 | 93.8% | 45.3% | 20位 |
| 2021年度 | 98.7% | 54.3% | 12位 |
| 2022年度 | 99.1% | 62.1% | 8位 |

从表中学生年段过关成绩可以看出，全校的语文教学水平逐年提高，随着研究的不断深入，学生语文学习的综合能力不断增强，2020年还获得了新都区质量先进单位。

3. 形成了观念冲击波，促进教师角色转变

"生命在场"：生长课堂针对"学生生命主体的缺失、自觉性淡化、体验性虚化、独特性弱化、生成性僵化"的现状，丰富师生精神生命的内涵，让学生自主生长、自然生长、自由生长，拓宽生命的宽度，提升生命的高度，增加生命的深度。

核心理念：在核心素养召唤下，升级阅读教学认知系统，重塑"以生为本""学为中心"的课堂生态，打破学科中心、知识中心、教师中心的定势，让深度学习真正落地课堂。

（1）学生"进"了

"生长课堂"从根本上改变了学生"被学习"的状况，这种转变，来自教师对学生自我学习能力的信任，而这一份信任，直接影响着学生学习时的心态。小老师、小记者、小辩手等一系列角色的改变，必然引起学生学习方式的改善，会自学，会倾听，会思考，会提问，会合作，会反驳，从而有效促进了学生的可持续发展：珍视学生的独特体验；顺应学生的诗意思维；融合学生的生活方式。

（2）教师"退"了

"真正的教育是自我教育，真正的学习是自我学习。"教师适度"隐退"后台，腾出学习空间，把学习的主动权还给学生，学生根据自己的兴趣、体验、理解，教师对学生进行引导、方法的点拨和情感的支撑，这样的"退"，恰恰成就了学生的"进"，让学生有效进入"最近发展区"：搭好"脚手架"，引导学生主动学；建好"运动场"，引领学生互动学；开设"智慧苑"，引发学生灵动学。

（3）教学"美"了

"生长课堂"呈现的是删繁就简的教学风貌：简约而深刻。"生长课堂"虽不精致，但从根本上解决了"教"的过度和"学"的失位问题，建构"学为中心"的阅读课堂行为模式，真正实现了还学于生，让学生站在课堂的"正中央"，让学习从被动走向主动，从浅层学习走向深度学习。不仅体现在精致、细腻、行云流水等传统的课堂审美上，而是表现为一种主体美、结构美、思维美。

（4）效果"好"了

"激发课堂"着眼于主动学，致力于学会学，成就于评价学，学生通过预学、对学、共学、展学、延学等行动实现自主成长、自然成长、自觉成长、自由成长；生生互动，促进同伴"抱团"提升；师生互动，引领师生"共生"发展；真正实现"教是为了不教"。

4. 增强了教师科研意识和科研能力，培养了科研骨干队伍

蚕丛路小学语文教研组遵循"扬长容短，抱团发展，保底考核，特色发展"理念，每位教师在自己最喜欢的领域内选择适合自己发展的目标主动发展，"1+1+N"模式助推梯级发展，在全组48位教师中，自主参与课题研究达100%，在研规划课题省级2项、市级3项、区级8项，区级个人微课题7

项，校级立项课题17项，参与率达100％。

在基本范式基础上，各子课题根据自己学科特征和教师优势，研发出变式：如蚕丛路小学语文教研组的"基于儿童视角的略读课文333模式"，教师们坚持积极研究学科知识、教学方法，善于总结和反思，组里教师能积极撰写教学论文、教学案例或教育叙事，不断提高教学和科研水平。

**学校研究课题成果一览**

| 级别 | 课题名称 | 立项证书编号 |
| --- | --- | --- |
| 省级 | "2＋N"教师发展校本实践研究 | TCCXJY－2020－C38 |
| 市级 | 中高段"五学五导"生长课堂实践与研究 | CY2019ZM37 |
| | 疫情背景下学生自我领导力培养的实践与研究 | YQZX707 |
| 区级 | 基于现代学校制度的教师发展学校建设研究 | XDJKX19046 |
| | 基于"学力生长"视角的小学数学教学实践研究 | XDJKX19047 |
| | 学为中心理念下的"激发课堂"模式的实践研究 | XDJK2006 |
| | 以培养提升学校治理能力现代化的实践研究 | XDJK2007 |
| | 小学生足球"分段进阶"模式在一、二段的实践研究 | XDJK2005 |
| | 小学中高段阅读教学"五学五导"生长课堂实践与研究 | XDJKX19056 |
| | 从学的角度构建小学低段"以写促学"的晨诵策略研究 | XDJKX19057 |
| | 以"画·话"为载体提升小学低段学生写话能力实践研究 | XDJKX19058 |
| | 关于建设书香班级以激发低年级学生阅读兴趣的实践研究 | XDJKX19059 |
| | 语文核心素养下小学低段作业设计的实践研究 | XDJKX19060 |
| | 小学三年级学生人际交往被动学习的策略研究 | XDJKX19061 |

蚕小语文人不仅在各类培训中守时参加，积极发言，还在全市、全区范围内多次承担公开课，发表主题讲座，分享经验。

**蚕丛路小学语文教研组 2021 年至今市、区级公开课统计**

| 时　间 | 授课教师 | 课题 | 所属活动 |
| --- | --- | --- | --- |
| 2021.4 | 陈瑶、吕品 | 《祖父的园子》 | 黄尤林名师工作室献课 |
| 2021.12 | 柳　黎 | 《快乐读书吧》 | 黄尤林名师工作室献课 |
| 2022.5 | 唐婉淋 | 《我的自画像》 | 区部编版教材课堂教学研究展示课 |
| 2022.6 | 刘怀菊 | 《一次特殊的测试》 | 黄尤林名师工作室献课 |
| 2022.9 | 柳　黎 | 《小英雄雨来》 | 区"整本书阅读"赛课 |
| 2022.10 | 柳　黎 | 《小英雄雨来》 | 市"整本书阅读"优质课展评 |
| 2022.11 | 袁　浩 | 《风喜欢和我玩》 | 黄尤林名师工作室献课 |

**蚕丛路小学语文教研组 2021 年至今市、区级讲座、分享统计**

| 时　间 | 授课教师 | 讲座题目 | 所属活动 |
| --- | --- | --- | --- |
| 2022.4 | 袁丽芳 | 《儿童视角下的起步作文策略初探》 | 黄尤林名师工作室活动 |
| 2022.6 | 唐婉淋 | 《清单式评改在四年级的应用策略》 | 黄尤林名师工作室活动 |
| 2022.6 | 陈昱蓓 | 《部编版教材习作教法举隅》 | 黄尤林名师工作室活动 |
| 2022.11 | 陈昱蓓 | 《以"三双眼睛"研读新课标》 | 区"学习新课标"分享 |

2021 年，蚕丛路小学语文教研组共获奖 122 余人次，其中国家级获奖 3 余人次，省级获奖 15 余人次，市级获奖 39 余人次。

2022 年，蚕丛路小学语文教研组共获奖余 119 余人次，其中国家级获奖 1 人次，省级获奖 6 余人次，市级获奖 25 余人次。

**（四）推进了学科教学改革的深化**

1. 课题实施研究推进学校语文教学改革和新课程实施

学校自实施课题研究以来，为了把课题研究工作抓到实处，打好课题研究这一仗，学校在组织研究教师外出听课、取经的同时，十分重视校本教研活动的开展。每周四为新课程教研活动日，研究教师轮流上课、说课、评课和集体攻关。围绕"主动—探究"这一课题核心,以课堂教学改革为突破口,实现了师生行为方式的根本转变。把课堂还给学生,把精彩让给学生。鼓励学生运用各种方法,从不同的角度,进行多样化的探索,尊重和保护学生学习的自主性和积极性,使学生的个性得到健康和谐的发展,有效推进了我校语文教学改革和新课程实施。

2. 研究的经验成果推广,促进了其他学科教学改革

在研究中,学校教师开展了"与课题研究同行"的活动,大大促进了其他学科的教学改革和新课程的实施。具体表现在教师的教学观念、教学常规、课堂教学、学生的管理方式、学习方式、生活方式、学校对师生的要求等都发生了根本变化。每到周四都要对一周的公开课进行研讨,内容涉及语文、数学、思品、自然、社会、科学、计算机、音乐、美术、体育等学科,大家踊跃发言,积极畅谈对新课程的看法,研讨课改中的教法、学法,气氛热烈,情绪高涨。现在,全校各学科的教改既轰轰烈烈,又扎扎实实,新课程的实施进展顺利。

## 六、研究创新点

### (一)学科相互融合,师生共同成长

"激发课堂"的教学资源不仅来自课内也来自课外,不仅来自语文学科也来自其他学科。在课堂教学中,我们可以调动所有教学资源,实现学科融合,在此过程中,教师注意结合小学生的年龄特点、学习能力、教学目标、学生兴趣等方面,为小学生有针对性地选择教学资源,来为学生提供优质、高效的教学形式,使语文课堂的教学效率和教学成果得到提高。教师利用自身的专业优势,在制作课件、教案时选取正面、积极的语文教学素材,引导学生进行学习和理解,以课本内容为主要学习依据,将课程中的重难点问题突出讲解,使学生直观、快捷地领会学习,教师充分尊重学生的主体地位,结合丰富、多样的信息素材,让学生产生学习兴趣,从而全面提升学习的动力,激发学习活力,教学相长,与生共同进步。

### (二)理论结合实践,语文教学遇见"激发"

针对学情实际来看,"激发课堂"的课程目标定位比较清晰,从技能、知识、情感等方面每一项都有详细的描述,经得起考量,也具有实际可操作性,确定了以情感态度价值观为首的情感目标,以能力培养和知识的传授为次的知识与技能目标,如帮助学生体验小学语文教法学习活动中的成

功与快乐，使他们认识到小学语文教育来源于现有经验总结，从而激发了学生学习兴趣，提高学生自主学习能力，激荡学生思维，提升学生综合素养。

### 七、反思与启示

本研究在很大程度上取得了一定成果，但仍存在以下不足：

(一) 课堂模式课例不足

在目前的研究中，所探索的"激发课堂"模式涉及阅读、写作两大板块，但是仅仅在课题组老师的课堂上实施，影响的面还不够，尝试落实的次数不够。语文课堂模式下课例远远满足不了整个学校语文老师的教学。在今后的研究过程中，我们将继续拉动学校的骨干老师、优秀青年教师研发自己的课例。

(二) 模式实施更新较缓

探索出的"激发课堂"模式实施后进行反思更新的力度还不够大，可以在此基础上让老师优化自己的课例，课后根据学生的问卷调查及时调整我们的课型模式。

# 基于深度学习的"激发课堂"数学成果报告

蚕丛路小学数学组

随着时代的发展，学生的发展需求也日益增加，然而现阶段大部分学生仍处于只获得基础知识和基本技能层面的学习层面，而数学思维能力、应用能力、创新能力、思考并表达自己的观点的能力以及在合作学习中倾听他人的能力都未能引起足够的重视，没有得到系统的培养，因此作为时代新人所需具备的学习力还需要进一步的提升。

学校为培养"会用数学的眼光观察世界，会用数学的思维思考世界，会用数学的语言表达世界"的时代新人，开展基于"学力生长"视角的小学数学教学实践研究。在研究过程中，发现要提升学生的学力，需要提前对教师进

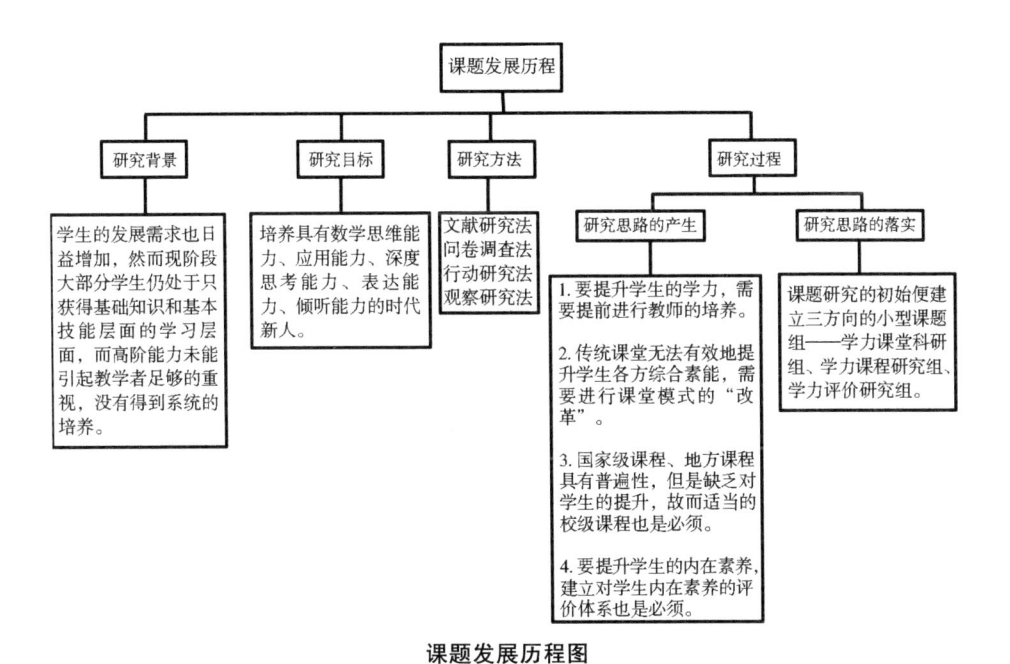

课题发展历程
- 研究背景
  - 学生的发展需求也日益增加，然而现阶段大部分学生仍处于只获得基础知识和基本技能层面的学习层面，而高阶能力未能引起教学者足够的重视，没有得到系统的培养。
- 研究目标
  - 培养具有数学思维能力、应用能力、深度思考能力、表达能力、倾听能力的时代新人。
- 研究方法
  - 文献研究法
  - 问卷调查法
  - 行动研究法
  - 观察研究法
- 研究过程
  - 研究思路的产生
    1. 要提升学生的学力，需要提前进行教师的培养。
    2. 传统课堂无法有效地提升学生各项综合素能，需要进行课堂模式的"改革"。
    3. 国家级课程、地方课程具有普遍性，但是缺乏对学生的提升，故而适当的校级课程也是必须。
    4. 要提升学生的内在素养，建立对学生内在素养的评价体系也是必须。
  - 研究思路的落实
    - 课题研究的初始便建立三方向的小型课题组——学力课堂科研组、学力课程研究组、学力评价研究组。

**课题发展历程图**

行培养；与此同时传统课堂无法有效地提升学生各方综合素能，需要进行课堂模式的"改革"；另外，国家课程、地方课程具有普遍性，但是缺乏对学生的专项提升，故而适当的校级课程也是必须的；最后，传统的对学生的学习评价仅停留在比较表面的成绩，对学生的内在素养评价较少，想要提升学生的内在素养建立对学生内在素养的评价体系也是必须。

所以在课题研究的初始阶段便建立三方向的小型课题组，分别为：学力课堂科研组（科研1组）、学力课程研究组（科研2组）、学力评价研究组（科研3组）。

## 一、学力生长课堂——以教师主体发展促课堂教学新提升

课堂中的主体分别是教师与学生，教师作为课堂中学习的主导者需要具有相应的能力，而想要学生得到较高层次的成长，需要教师首先具备提升学生综合能力的能力。教师能力集中在教师专业素养（授课能力）和教师教学理念的提升。

于是，学力课堂研究组致力于研究如何提升教师能力，实现"教师成长"，同时研究适合学校理念与发展目标的"课堂模式"。

**（一）线上线下助推教师成长**

作为一名教师，要实现自身的成长需要自身的理论学习，优化自身的教学理念从而改进自己的课堂，所以采取线上研修的方式促进教师的理论成长。另外教师还需要将自身学习到的理论知识应用到课堂当中才能够实现"改进自己的课堂"。故而课题组采用"教、研、学、做"相统一的成长模式。

1. 在线研修学习理论

作为70%的教师都是新教师的新学校，经验不足则需要理论来弥补，故而进行每周一次（阶段一）或每两周一次（阶段二）的理论学习与理论实践相结合的学习。

每次进行的线上学习均由科研组组长进行筛选并进行课后作业（观看心得、实践记录等）的布置，由数学组教师各自完成。截至12月，共计完成作业70余次。

2. 教、研、学、做渗透结合

学校教研情况能够直接影响教师教学水平与学校的教育教学质量，同时

对教师自身教学成长也产生着重要的影响，教师通过教研活动能够加深对教育教学的认识。我校是教师发展学校，对教师的成长与发展极为重视，既要面向全体数学教师，还要满足部分新教师的教学能力亟待提升的需要，因而学校的教研活动分两步走，数学组主题性教研与备课组常态化教研。

（1）数学组主题性教研

主题活动式教研是基于教师迫切需要解决的教学实际问题，在教师的参与下共同确定的主题。对于多数新手教师来说，在教学过程中，总是会遇到种种问题，要开展一次主题活动式教研，首先要去调查寻找教师们存在的普遍性问题，将问题进行深入研究，发现问题的实质，从而转化为一个明确的教研主题。其次要做好教研前的准备工作，教师是教研活动的主体，在参加教研活动前，要明确教研的主体意义，思考教研的主题，准备活动的发言，"不打无准备的仗，不做无目的的事"，有了前期充分的准备工作，在参与教研活动时才不会处于茫然状态，才能够有理有据地思考，清晰合理地表达，这样的教研活动才开展得有质量、有水平。最后合适的组织方式是开展主题活动式教研的保证，好的内容必须要有好的形式来体现，否则会事倍功半。学校主题式教研活动主要有以下四个环节，分别是：案例分析、主题讲座、观课议课、教材分析。结合6月数学组主题活动式教研：巧梳理、深沟通、活应用，对以上四个环节展开论述。

①案例分析

教师们平时在教学过程中进行积极尝试，在教研活动中将自己的教学经历分享出来，促进共同学习、共同交流良好氛围的形成。在本次主题活动式教研中，各个年级组精挑细选出一道具有代表性的题目，提前发在数学教研群中，供大家提前学习思考。

一年级呈现书本上的一道包含情境的题目：差几个杯子？差几把勺子？将"够吗""差几个"问题进行分析，利用符合低段儿童水平的数形结合思想进行探究，用圆形表示小朋友，用三角形表示杯子，正方形表示勺子，一一对应后发现三角形比圆形少一个，勺子比圆形少两个，得出差一个杯子、差两把勺子的结论。

二年级着重探究解决问题的多样化，尝试用多种方法与思路进行问题的解决，解决问题的中心思想体现在分组求和、补缺思想上，要求每一位学生都能够理解并掌握多样的方法。

三年级选取的题目需要借助线段图解决，使用线段图解决问题的前提是学会根据题意表征具体信息、标出对应关系及问题，同一道题不同的思路，借助线段图将不同思路展现得淋漓尽致。

高年级组请学生担任小老师讲解经典空间思维题目：10条直线可以把平面分成几个部分？探究线分平面规律题目的思路。

②主题讲座

基于深度学习的背景下，教师们在教学过程中不断地思考如何让学生进行深度学习，避免机械主义的浅浮学习，在教学过程中，如何进行深度教学，从而激发学生的深度学习成为教师们共同的疑问，本次讲座应运而生，二年级数学老师应老师为我们带来"深度学习的有效探究"讲座，开门见山地指出深度学习是基于理解的学习，学习者能够以高阶思维的发展和实践问题的解决为目标，以整合的知识为内容，积极主动地、批判性地学习新的知识和思想，能够融入原有认知结构，并迁移到新的情境中的一种学习。教师如何引导学生进行深度学习，通过三位一线教师的实际教学案例的展示，让本组教师更加明确核心问题、学生思维，并深刻认识到教会学生学会学习，是促进学生深度学习的主要导向。

③观课议课

我校观课议课的开展流程如下，即将进行展示课的教师先在集体备课的活动基础上教学，同本学科组的全体教师深入学生与课堂进行跟踪观课，教学结束后，先由本堂课的执教老师做教后反思，观课教师以备课组为单位，按照"1+1+1"的模式展开评课议课，即1个亮点、1项不足、1个建议展开点评，最后教研员进行本堂课亮点、不足总结，年级组长预告第二次试教活动跟进的时间及要解决的新问题。

观课、议课

观课、议课

④教材分析

试教老师根据自身教后反思及数学学科各年级组意见进行反刍，调整教学设计，优化课堂方案，形成二次教案。在第二次试教过程中，邀请二级导师参与课堂跟踪指导，教学结束后，全组数学教师再次展开研讨，关注角度多维化，既包括学生与课堂，也包括目标达成度，最后由教学与课程中心主任胡月、黄尤林进行点评并指导，提出三次试教中应处理好的问题，听评课教师与试教老师梳理此次评课议课的认识与反思，围绕该课的认识与收获进行打卡。

(2) 备课组常态化教研

为提高教师们备课及上课的质量，及时解决在教育教过程中遇到的问题及困惑，每周不定时进行常态化小教研，以备课组为单位，以本年级组的数学教师为参与对象，教研的内容包括目前教学进度的反馈、上周教学内容的反思、对下周即将开展的教学内容进行重难点把握。

(二) 模式创新提升课堂水平

1. 常态化课堂——推行"激发课堂"模式

（1）什么是"激发课堂"

"激发课堂"是在原有的课堂模式基础上特别强调"激发学生学习动机，发展学生核心素养"，使学生在"乐学"的基础上课课有发展。因此教学设计与备课方案应更加地科学化、深刻化、体系化，而其中的教学设计也应该突出"学生乐学"和"学生发展"。

（2）数学"激发课堂"模式及示例

数学"激发课堂"是激发学生学力生长的课堂，在研究和实践中发现结构化学习更能促进学生深度思考，达到深度学习的效果，从而促使学生数学学力的提升，发展学生核心素养。于是我们以问题驱动，激发学生学习兴趣；打破惯性思维，站在儿童视角促进学生主动思考；让经历再次建构的过程，形成知识网络，促使学生进行深度学习，在尝试和实践过程中我们也有一些思考和想法。

①预课堂：在尊重学生原认知基础上，依托预课堂精准把握学情，提升教学精准度；教师以学生需要为基础，为不同层次学生设定目标，检查学生是否达到目标，及时发现预习中的问题，并给予积极的评价与反馈。

②主课堂：通过"独学+互学"的方式，实现教学的激与发。教师在主课堂中采用具有直接性、激励性、导向性、广泛性等特点的评价语对学生进行及时性的评估。通过语速、音调和清晰吐音对某些词语予以强调的能力，以及眨眼、点头、耸肩、皱眉、微笑等动作形式的评价手段，使学生从这些评价方式中得到解决问题的启发。规范课堂观察，落实日常评价。课堂观察时，教师在关注学生知识技能的掌握情况之余，还会关注学生参与学习的态度、广度等方面的表现。教师借助课堂观察量表对学生进行系统的观察。

③拓课堂：拓课堂主要以主题活动和项目式学习构成，让学生经历知识的建构和交融的过程，提升各方面的学习能力。在"预课堂—主课堂—拓课堂"中提升了学生精神兴奋度、语言丰盈度、身体参与度和思维活跃度，提高感知力、学习力、合作力、思辨力和想象力。通过"合作"学习培养探究性品质，让他们的思维更具独立性、深刻性和灵活性。重视孩子们之间的合作、交流和互助，使"合作"学习有效地扩大孩子们课堂学习参与面，孩子们会积极参与，主动交流，充分发挥自己的主体作用，让孩子成为学习的真正主人，体现教师课堂中的参与者、组织者、引导者的角色定位，在充分发

挥了"合作"学习的群体功能的同时，也促进了个体学习，使"合作"学习与个性化自主学习有机结合，相得益彰。

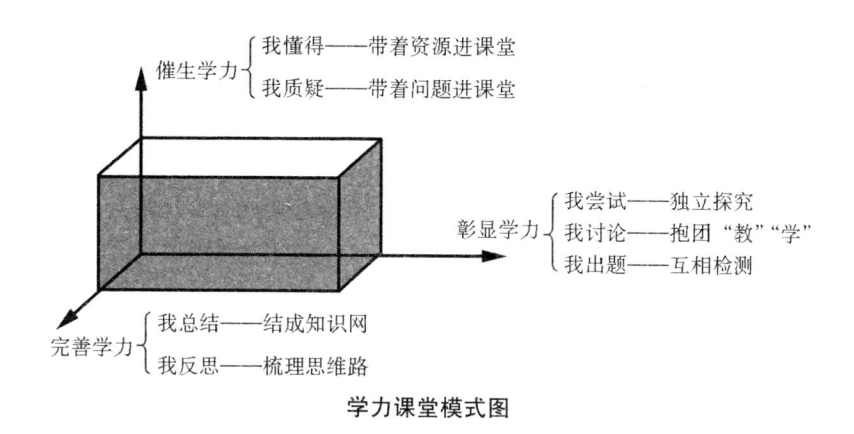

```
催生学力 ┌ 我懂得——带着资源进课堂
         └ 我质疑——带着问题进课堂

彰显学力 ┌ 我尝试——独立探究
         │ 我讨论——抱团"教""学"
         └ 我出题——互相检测

完善学力 ┌ 我总结——结成知识网
         └ 我反思——梳理思维路
```

**学力课堂模式图**

围绕第一课堂的基本学力与发展学力的探索，在2021年3月，学校在新都区校本教研展示中，对于基本学力的精准化培养，发展学力的有效渗透作了深入的研究与实践，本组团队在"精准教学，有效练习"的主题下，以"分数乘法（一）——试一试"为教学案例，对每一环节的学力培养作了精细化的打磨，得到区上专家的认可，获得新都区教研展示一等奖。

校本研究从不止步，创建出新的研学模式后，我们继续利用此模式进行"学力生长"的探究。在已有的学力结构之下，基于学生真实的起点，开始着力于激发学生兴趣、激荡学生思维，培养学生的倾听、观察、思考、表达、合作的能力。2022年6月以倒数为例的"预课堂、主课堂、拓课堂"教学模式开始逐步显现。教师精心进行教学设计课前预学，精选素材，关注儿童需要；借助预学链接课堂，关注儿童经验；通过预学调整深度，关注儿童思维；主课堂激发对话提炼思想，关注儿童表达，教学过程中巧妙提问和及时追问，小组合作"社会化学习"更是促进了儿童深度思考的有效性。

在"激发课堂"模式下，不管是教师的备课还是课堂上的教学，都会注重尊重儿童天性，激发儿童精神动力，推动儿童自主学习，主动发展，引领儿童主动探索，真正实现每一位学生学习权的回归，通过"激"与"发"，实现"学为中心"的理想课堂。

## 2. 衍生性课堂——借助"2+N"研讨课模式

入校初，数学组教师团队共11人，其中有3年以上教学经验的教师寥寥可数，新教师占比达到80%，不管是在教学设计还是组织课堂教学方面存在很多不足，所以自建校起便坚持团队发展，蝶变互助的理念，教师之间利用"2+N"研讨形式做到扬长容短，两位教师共上一堂课，"主教"和"助教"身份适时切换。

"2"代表两位教师同时上课，不分主次，主讲教师与辅助教师身份需要时进行互换，进行互助式教学。"N"代表同一备课组成员提前进行集体备课、共同准备精课堂，同时也代表着公开课中的观课教师有机布局在整个课堂中作为课堂中的学习者及探索者。

主讲教师在进行教学时观察、倾听和捕捉学生的课堂反应保证后续的教学有效进行，而另一位辅助教师则既需要思考主讲教师教学的合理性又要作为真正的辅助教师调整学生的行为习惯，当发现主讲教师某教学环节或学生现场生成的内容出现问题或有价值的信息时，应有意识地及时作出微调和改进上课内容，两位教师相互融合，既分工明确，又相互交融。

"2+N"研讨课模式经过推广，得到了全校教师的一致认可，而且在模式上做出了进一步的创新，两位教师身份由原来同时出现的主教、助教演变成按环节先后顺序进行教学的教师，此时的"2+N"中的"2"代表两位教师共同上一节课，"N"代表同一备课组成员提前进行集体备课，搜集该课相关的课例、文献资源等，进行集体打磨，最终由两位教师呈现集体智慧结晶。

"探秘分数"数学展示课　　　　　　"玩转周长"数学展示课

"认识角"数学展示课

## 二、学力课程——以课程开发促学生数学新成长

学习方式的改变是学习力提升的重要途径。学生在学习过程中对认识活动能够进行自我监控,并作出相应的调适,才能有效地提升学习能力。我们根据数学学科知识特点和年级的发展情况,设计了结构化课程和项目化课程来促进数学学力的提升。

### (一)专项学力课程——晨诵午读暮省

我们借助新教育的儿童课程,利用晨诵读数学、午读说数学、暮省做数学,切实地关注学生的心理特点与生活,培养学生对数学的兴趣,激发学生数学学习的内驱力;有效地培养学生的思考力、表达能力及倾听能力;系统地帮助学生建构数学认知结构、学习如何审题及如何分析题意,同时逐步完善学生数学学习的结构,在思考中进步,在反省中成长。

我们主要从三个方面入手:晨诵——读数学:培养数学阅读能力,激发兴趣;午读——说数学:培养数学语言表达能力;暮省——做数学:培养学生解决问题能力。

1. 在晨诵中燃起数学兴趣的火苗

(1) 数学绘本激起阅读的兴趣

小学低段的孩子识字量不大,数学语言能力不强,为此数学绘本中有趣的数学故事成为孩子们的宠爱,读数学绘本,可以从数学故事中学习数学,爱上数学。对于一年级的小孩子来说,数学绘本故事中彩色漂亮的插图更能激起他们阅读的欲望,在第一阶段,学生的识字有限,可以通过老师带读结合插图理解数学故事的意思,使数学阅读显得生动有趣。第二阶段,绘本的讲解由老师变为学生，"小老师"提前准备，第二天在晨诵时间给全班的同学讲解，除了绘本讲通讲顺，也会在讲解的过程中提醒学生上台后的音量、姿态、动作等，在这一系列的流程中帮助学生提升其倾听能力、语言表达能力、语言组织能力、与人沟通的能力、信息整合能力等。同时学生与老师一同讲解绘本的过程中也表现得更为熟练，提升其自信心，给其他同学以榜样，在这样全班读绘本的过程中不仅激发学生学习数学的兴趣，也能有计划地提升学生的学习能力。

（2）数学故事营造阅读的氛围

当学生的识字量逐渐变多时，数学绘本已经不能满足他们的需求了，数学故事登场，很多有趣的故事书或者童话集进入我们的数学晨诵课堂，比如《马小跳学数学》《李毓佩数学故事集》《数学百科全书》等等，每一个故事里面都包含着一个数学问题，将故事与数学结合起来，大大减少了数学知识的枯燥性，在全班读数学的氛围里孩子们更能静下心来阅读，从阅读中收获数学知识，更重要的是培养学生对数学的喜爱。

（3）数学趣味题引发数学思考

不仅有绘本、有数学故事书，我们还有数学报纸，数学报纸中许多典型的例题、易错题、有意思的奥数故事题，都可以成为我们阅读的材料，老师提前布置下思考任务，孩子拿笔边读边勾画重要信息，培养学生审题的同时也促进动脑思考的能力。读完后可以全班交流读之所得，并提出在读的过程中有哪些不能理解的地方，生生之间自主解答疑惑。还可以利用小组合作预习新知识，小组合作预习新知识，充分利用晨诵时间通过学力单让小组合作学习解决问题，自由发表意见。

在读数学时，内容的设计和选择上还要遵循自由开放的、多样的、灵活的原则，有利于激发学生读的兴趣，使活动达到高效率。

2. 在午读中激起数学表达的浪花

如果说晨诵的时间是数学学习的开始，午读的时间就是有针对性的思维训练，"午读"不是单纯的"读"，数学的午读更重要的是"说"，培养学生敢问、敢说、会说的能力。因此，我们的数学午读时间把它交还给学生，让学生来说，学生来组织，充分锻炼他们的数学语言表达和组织能力。

我们开展了"蚕丛小讲堂"系列活动，后来还学习借鉴范建成名师工作室的"话题讨论课"，利用午间的 20 分钟，教师选择一些比较好的思维拓展题或者数学练习册上、数学书中的易错题进行探讨，在学生讲解的过程中，倾听、判断、提问、质疑、补充、评价等一系列的数学思考能力夹杂其中，我们常说学生不会提问题，首先他都没有学会倾听别人的想法，也不知道该从哪些方面提出问题……导致课堂是少数学生的舞台，是沉寂的课堂。在培养学生个人"说数学"的同时也在培养学生的小组合作与小组展示能力，谁组织、谁发言、谁板书、谁补充等等，合作有交流、任务有分工，将小组的智慧分享给全班，小组之间的智慧又在相互提问和相互补充中越来越完善。

**数学小讲师活动示图**　　　　　　　　**话题讨论课示图**

3. 在暮省中建起数学思维的城墙

数学有读有说也有做。这里的做是落到笔头的"写数学"，小学数学教学中由于学生审题能力薄弱而导致解答错误的现象比比皆是，学生在分析原因也总是千篇一律的粗心、马虎，没看清题目要求。这些现象的背后呈现的更多的是学生的审题问题，学生没有养成良好的审题习惯，导致读题时马马虎虎，一读就过，解决问题错误多多。因此在数学教学中，特别是从低段开始教师引导学生审题，需要教给学生审题的方法，有效提升学生的审题能力。

（1）引导学生养成良好的审题态度

"粗心、马虎"都可归结为学习态度的问题，如果学生自身对学习没有引起足够的重视，外界再多的帮助对他来说也只是压力。比如说计算时的看错数字、抄错数字、计算时忘记进位或退位等，一方面是知识掌握的问题，如果屡次是这样，可能就是态度不端正，所以，教师就可以利用"做数学"的时间积极引导学生端正学习态度，激发内在驱动力，为提升学生的审题能力做好保障。

（2）读题过程中勾画、圈标重要信息

"读书百遍，其义自见"，数学题也一样，引导学生多读几遍理解题目的意思，抓住关键的信息分析数量关系，还可以通过画图理解数学信息，在圈、标数量的过程中也在避免自己看错数字，加深印象，逐渐培养学生良好的审题习惯和能力。

（3）解决问题过程中提高数学思维能力

在做题中然后知不足，学生有意识地利用数学的概念、原理和方法解决现实世界中的问题，也能用数学的眼光发现生活中的数学问题并抽象出来，并用数学的方法解决，这种不断应用数学的过程也在提升学生的思维能力，培养学生的数学素养。

**（二）项目化课程——综合实践活动**

在结构化课程的基础中，我们也会根据各年级的特点设计开展综合实践课程。以下是我们的一些课程案例。

1. 有关数学阅读能力培养的课程开发研究

搜集数学阅读在学生日常生活中的素材，结合各年级开展的读书活动，组织学生开展与数学阅读有关的活动。

（1）书签制作比赛

参赛年级：一、二年级。

比赛内容、形式：将与数学有关的名人名言、寓言警句等简略地装饰到书签上面，要求美观、有创意。

（2）数学小报制作比赛

参赛年级：三至六年级。

比赛内容、形式：使用8K的铅画纸制作数学小报，以数学阅读为主题，具体内容、栏目不限，尽可能多地呈现数学元素，有原创内容更佳。设计要富有创意，分年级组织评奖。

（3）读后感或数学小故事创作比赛

参赛年级：一至六年级。

比赛内容、形式：选一本学生自己阅读的数学课外书，写一篇读后感；也可以根据自己的亲身经历或想象创编一则数学小故事。分年级组织评奖，择优在学校广播台播送，并由指导老师组织向有关报刊推荐投稿。

2. 分享阅读，悄悄成长

（1）学生利用"爱心淘宝节"数学活动，出售和购买旧书，实现书籍流动。

（2）组织全校学生参加同年级内的读书漂流活动，以班级为单位进行数学图书互换阅读活动。

3. 广泛阅读，分享数学

在学生广泛阅读的基础上，以班级为单位组织开展数学课外知识诵读活动，让学生在早读或午读时间，用两分钟时间介绍自己在课外收集到的与数学有关的小故事、小知识、趣事等，拓展学生的知识面，培养学生数学学习的兴趣。

4. 举行活动，从做中学

数学课堂教学是"学生积极地参与，自主探索并且不断获得发展的过程"。因此，教师应留足时间给学生思考，鼓励学生说出自己的做法、说出的原理、说出解题的思路，做到思有源、思有序、思有获，进而促进学力发展。结合数学课程开发综合实践活动，例如测量活动、七巧板比赛活动、图形制作活动等，让学生在实际操作过程中感受数学的魅力。

数学活动课——"牙签桥"示图

## 三、学力评价——以双向评价促学生学力再提升

学生评价是学校教育评价的核心，新课程标准对课程的评价作出了全面而精要的论述，明确指出评价的目的是全面考察学生的学习情况，激励学生的学习热情，促进学生全面的发展。基于此，学校针对学生学力情况形成的评价体系，经过实践后，进行优化和调整如下。

## 学力评价体系发展历程示图

**具象体系发展阶段**

- 第一阶段：倾听、表达、思考、合作、阅读
- 第二阶段：观察、倾听、思考、合作、表达
- 第三阶段：倾听、观察、思考、合作、表达

**抽象体系发展阶段**

在基本建立校完善的学力评价体系的基础上：
逐步思考各类学习行为要求的顺序性，思考学习过程中的合理规律与顺序，培养学生的先输入再内化再输出的学习习惯。
逐步将各类具象行为抽象为内在品质而不仅是对学生学习行为的要求与评价，注重学生在五个学力中的数学思维的提升。

**学力评价体系发展历程示图**

## "幸福课堂点点绽"评价体系

**班级评价体系**
- 设计具有班级特色的荣誉护照
- 教师根据课堂表现在护照中播下幸福种子
  - 倾听种子（会倾听）
  - 表达种子（擅表达）
  - 阅读种子（乐阅读）
  - 思考种子（爱思考）
  - 合作种子（晓合作）
- 依据学生荣誉护照找种子数量多少及明显进步等情况选出班级学习花蕾
  ①颁发奖励；
  ②粘贴照片在班级荣誉墙；
  ③花蕾作为月底校级学习之花候选人。
  - 倾听花蕾（会倾听）
  - 表达花蕾（擅表达）
  - 阅读花蕾（乐阅读）
  - 思考花蕾（爱思考）
  - 合作花蕾（晓合作）

**校级评价体系**
- 月底从班级花蕾中各推选一名各项目学力之花
  ①颁发校级奖状
  ②粘贴照片在校级荣誉墙
- 集齐五项学力之花的学生获得学校专属"学习之花"蝴蝶勋章

蝴蝶勋章权力：凭勋章进出"小览虫"阅读中心、参与养殖园种植活动、做"校长小助手一天"、与校长合影留念等。
蝴蝶勋章荣誉：列入校级名人堂、成为学校形象小天使、接受校级表彰等。

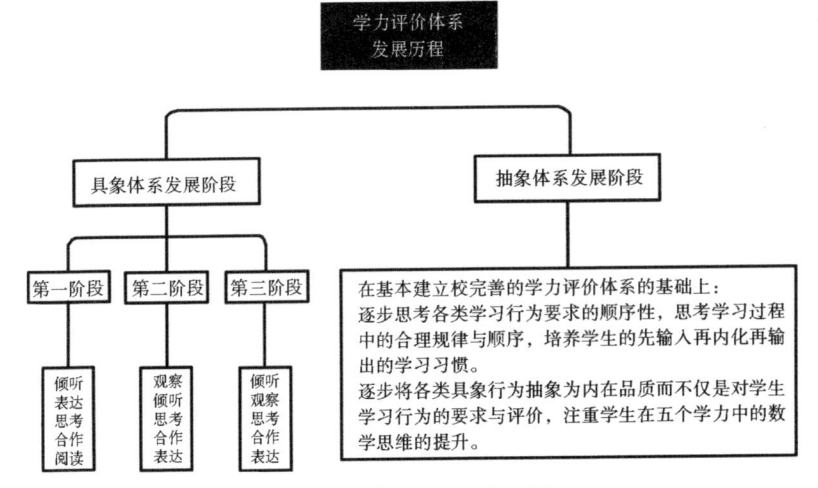

**学力评价机制**

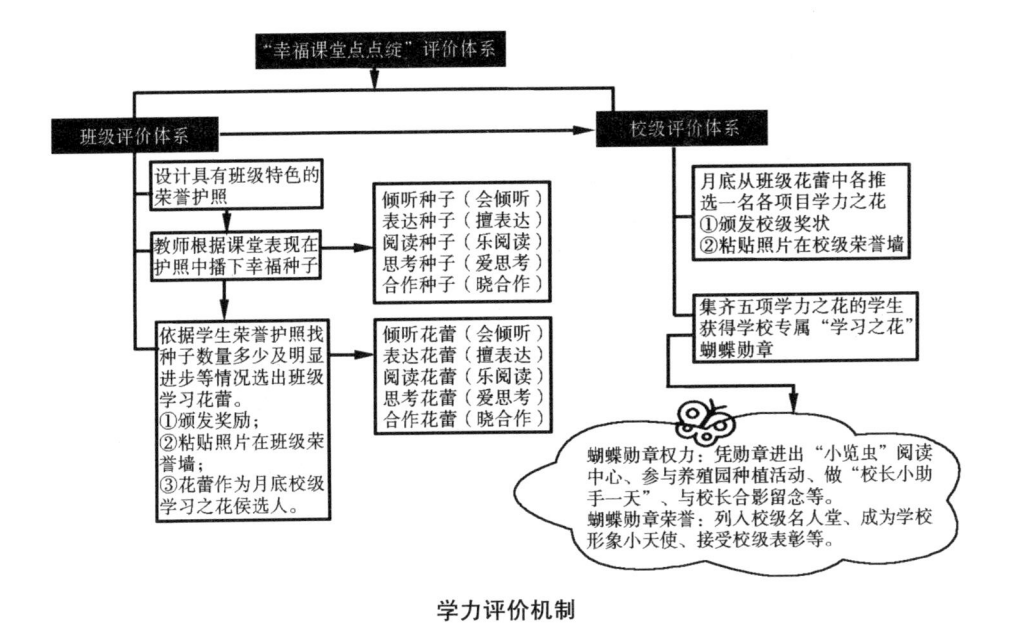

为充分调动学生课堂参与度，促进学生学力的培养，我们将课堂学习能力分为：倾听、观察、思考、合作、表达五项，根据学生年龄、心理、知识等方面的特征，制定"学力"评价机制，从班级和学校两个层面的激励，来调动学生学习的积极性，促进学生素养能力的提升。

### （一）班级评价机制

班级是学生学力生长的主阵地，以班级为基础，对学生学力进行班级初评，主要采用"播撒种子"的方式进行积分及班级综合评定的方式，每月进行"种子"汇总总结，根据学生在班级情况评选出班级的各学力"花蕾"。这样对学生进行及时的评价，激发起学生学习的积极性，同时使学生清楚自己的闪光点与不足，在后期进行调整。

### （二）学校评价机制

学校评价一定是建立在班级评价之上的，同时学校评价又是学生发展的总指引，所以学校评价应遵循学生身心发展规律和教育教学规律，坚持科学的教育质量观，建立体现素质教育要求、立足学生核心素养培养、科学多元的教育质量评价体系，形成良好的育人环境，促进学生全面发展、健康成长。

因此学校每个月末会依据班级"花蕾"的评选，综合评定，绽放各个习学之花进行全校表彰，如：倾听之花、观察之花、思考之花、合作之花、表达之花。

习学之花荣誉展板一

习学之花荣誉展板二

评价不仅要关注学生的学习结果，更要关注学生在学习过程中的发展和变化。因此，我们依据"学力"的评价机制，集齐倾听之花、观察之花、思考之花、合作之花、表达之花五项单项习学之花的学生就可以得到学校层面最高荣誉——习学之花，进行全校表彰，颁发"习学之花"的荣誉勋章，并授予专属特权。

**习学之花荣誉勋章**

## （三）第三阶段：立足数学课堂，促进思维长远发展

《义务教育数学课程标准（2022年版）》提出："评价不是为了给出学生在群体中所处的地位，而是为了每一个学生在现有的基础上谋求进一步的实实在在的发展。评价要引导学生更多地关注解决问题的过程和策略，提供给学生表现自己所知所能的各种各样的机会，通过评价帮助学生自我教育，自我进步，认识自我，建立信心。"为促进学生数学学力的生长，评价要体现评价主体的多元化，评价方式的多样化。

### 1. 通过活动表现评价学生的学力，激发学生学力生长

评价本身就应当是一种教育，是一种教育方式和教育行为，评价的本意和真意就在于真诚地指导和帮助被评价者自我认识、自我教育、自我发展。评价注意从不同角度，关注学生学力生长。如：评价学生数学阅读能力；评价学生数学思考能力；评价学生数学表达能力等多角度的评价。

基于此，在评价的内容上，关注：学生的交流与讨论是否重点突出？学生能否感悟出其中的数学思想？评价方式上：尝试把赏识性评价引入到课堂教学中来。即学会欣赏每一位学生，及时对每一位学生的积极表现作出恰当的赏识性评价，赞赏每一位学生的独特之处，赞赏每一位学生所付出的努力和热情，赞赏每一位学生对教科书的质疑和超越。学生通过评价和被评价，有所思，有所得。

对于评价活动的设计：选择有针对性的评价活动课程，综合性评价学生学力。

如：从"数学阅读"的角度，设计阅读《吨与千克的争吵》数学故事，让学生说一说，从学生复述故事的情况评价学生的阅读能力。如果能够简要复述，并能说出重量单位之间的关系，说明学生阅读能力较强；但若学生对阅读内容一无所知，或者不知所云，说明学生阅读较差。

除此之外，还有数学合作、数学思考、数学倾听等角度，设计不同的学力活动课程进行评价，发挥评价"提升学力，促进儿童终身发展"的功能。

2. 根据年级特点，创意评价，促进学生在不同学力方向不断进步。

因年龄特征的不同，学生在不同学段，表现出的学力层次各有不同，因此设计以年级为特点的创意评价，促进学生在不同学力方向不断进步。以五年级《谁打电话时间长》为例：

（1）我会观察：出示本课例题 5.28÷1.2，与前一课时例题 5.1÷0.3 作对比，请学生观察两个算式的不同之处。

发现：5.28÷1.2 这个算式里，被除数的小数位数比除数多。

【学力评价】评价学生观察、对比的数学能力。

（2）我会尝试：让学生尝试用商不变的规律计算例题 5.28÷1.2。

【学力评价】评价学生尝试猜测的能力。

（3）我会总结：通过观察、对比、质疑、论证，我们发现在计算除数是小数的除法时，以除数为准扩大相同的倍数这样的方法更适用于小数除法的所有情况。

【学力评价】培养学生学会归纳、总结的能力。

3. 优化评价语言——助生学力"更上一层楼"

评价最终要落实到课堂，教师又是课堂的组织者，"要让每一个人都抬起头来走路"，教师在学生合作学习的过程中，就需要用一种欣赏的眼光来发现学生身上的闪光点，尽量用科学、规范、赏识、激励性的语言作出评价，而少用或慎用批评、责备性的语言。在课堂上，对学生不同学力，具有艺术性的评价，可以使一个人获得心理、精神上的满足，从而使人产生轻松、愉快的心情，使学力自然而然地提升。

评价语言的准确、得体，富有针对性显得尤为重要。在不同的时候，我们该以什么语言来评价学生呢？需要我们清楚有关于倾听的评价语、关于表达的评价语、关于合作的表达语等等。只有这样，我们在合作学习过程中，才能做到评价语言准确、得体，富有针对性。评价语言应根据学生的回答客观、准确地指出学生在此项学力的长处与不足，既对学生表现出色之处给予肯定，同时又有针对性地给学生提醒与纠正，体现生动而巧妙。通过对这些学力的针对性评价，使学生往正确的方向生长。

例如在数学课中，针对学生发言的具体情况，分别评价为："你们小组的讨论很有见解。""你们思考问题很有深度。""你观察得很仔细，能提出有质量的问题。""谁能像××同学这样，把你的折法清楚地说给大家听？"……这样的评价，比较好地发挥了评价的激励功能，也给其他同学展示了语言表达该怎么做，从而学生的学力也得到了生长。

4. 幸福家长发展学校——家校共育，学力之花竞绽放

教育是一件复杂而伟大的事情，学校教育只是其中的一个组成部分，苏霍姆林斯基谈到家庭要有高度的教育学素养，这是在实现人的全面发展的思想方面，现实生活所提出的又一个重要问题，学生的全面发展需要两个"教育者"——学校和家庭，不仅要一致行动，要向儿童提出同样的要求，而且要志同道合，抱着一致的信念，始终从同样的原则出发，无论在教育的目的上、过程上还是手段上，都不要发生分歧。因此，我们的学力培养不仅在学校中如火如荼地进行着，我们的家长朋友们也要学习和运用，利用家长会的机会，老师们会专门向家长们讲解关于学生学力培养的意义和策略，从习惯到能力螺旋上升。教育无处不在，家校同心，共同促进学生学习的提升。

## 四、研究效果

### (一) 教师成长

1. 建立多维"合作性"同事关系

对于新的教学模式，我们敢于尝试、勇于实践、乐于思考、积极合作，遇山翻山，遇水找船。创造多维"合作性同事"关系。结合科研课题共读共写，通过同读、同探一本书，共磨、共上一堂课，共学、共研一个课题，合理分工、合作来促进共同发展。

2. 全面促进学生学力生长，逐步形成"学习共同体"

探索出了"2+N"研修模式，通过对教师的科研、教研方面全面培养、对学生学情的全面关注，促进学生学力的生长，逐步形成"学习共同体"，所

谓"学习共同体",既指班级授课制中的小组学习群体,也指一种学习方式。基于学习任务驱动的2~4人组成的学习小组,在授课教师的指导、引导和助学中,通过以"倾听、思考或发问、表达或分享"为核心形式的自主学习、协同学习、互助学习等多种学习方式,完成共同学习任务,达成共识,促进成员共同成长。

3. 理论基础与实践经验都在不断丰富和提升

(1) 新进教师"学力"意识提升,学会正确客观的自我评价,并且能根据自身情况、班级情况进行调整,同时形成"生本"的教育教学理念。

(2) 成熟教师能够根据"学力"观念进行"学力"实践,在实践同时进行优化。

(3) 优秀教师积极主动地进行"学力"研究,同时将自身的研究实时地进行应用与分享,完成实践—优化—再实践—再优化的螺旋式提升。

在2021年11月新都区数学教研展示活动中,我校数学组基于儿童视角的数学学力培养以《分数乘法(一)——试一试》为例荣获新都区教研展示一等奖。2022年5月参与范建成名师工作室活动献优质课"密铺",10月参与张永红名师工作室活动献优质课与讲座,同月,我校数学团队在新都区无生上课比赛中凭《买文具》荣获一等奖,11月参与范建成名师工作室活动献优质课。

(二) 学生发展

经过两年多的思考与尝试,学生的表达能力和思维能力有了很大的提升,以二年级为例,学生已初步有课堂互动生成的"学习共同体"感觉,生生间的倾听、质疑、评价也开始向大多数学生扩展。一年级学生在入学一个多月的时间里从最开始的不敢说到能主动说,并且有越来越多的人在数学课上越来越会说,这就是进步,这就是成长。我们的"读数学""说数学""做数学"也在不断的改进和完善中,但是我们的目的是不变的——促进学生数学能力的发展。

2022年11月,在我校举行的"激发课堂"暨范桉敏名师工作室活动中,四、六年级学生在课堂上的表现能力获得与会老师们的一致好评,工作室领衔人范老师更是高度评价我们的老师与学生,年轻教师们在教学中敢大胆放手,以生为本,培养学生敢说、善思、敢辩的能力,能够不断促进学生学力的提升。

其实任何一种能力都不是单独存在的，各种能力相辅相成，只是我们在培养和提升学生的数学学力是有计划、有针对性的，一木成树，二木成林，三木成森，相信在这样循序渐进的培养中，学生在数学课堂上的表现越来越好，课堂的有效性更高，师生互动、生生互动的灵动课堂也使学生更学有所成，思有所获。

# 基于深度学习的"激发课堂"综合学科成果报告

蚕丛路小学综合学科课题组

## 一、研究背景

### （一）双语教学的重要意义

2010年，国家颁布的《国家中长期教育改革和发展规划纲要（2010—2020年）》文件中第一次提出要实施教育国际化的方针政策，教育国际化在当前的教育中具有重要的意义，是全球教育发展的基本方向。开设双语教学是实现教育全球化的有效途径，能够帮助学生在内容学习的过程中学习语言，在语言学习的过程中学习内容。语言学习和学科知识学习互为语境，实现语言学习和内容学习双聚焦，从而培养出国际化人才。

### （二）我校双语科学实验课教学面临的困境

为培养国际化的现代小公民，我校在校本课程中开设了双语科学实验课，旨在通过真实的科学情境发展学生的科学实验素养及提高学生学习英语的效率。在具体的教学中我们发现，由于没有符合我校学生认知特点的双语科学实验课堂教学模式，教师在教学过程中缺乏有效的指导及具体实施办法，导致英语与科学教学内容分配不均衡、选取不当、契合度不高，教学质量大打折扣；学生在课堂中学习兴趣和积极性不高，多数都停留在"听懂"阶段，不能在掌握学科知识与技能的前提下，同时达到学科内容与语言知识的双重目标。

### （三）CLIL教学法——有效开展双语科学教学的理论指导

20世纪90年代，CLIL在欧洲诞生并发展起来。具体来说，CLIL是Content and Language Integrated Learning的简称，指将内容与语言相融合的学习。旨在通过内容与二外的融合，运用外语的同时深入学习学科知识，培养语言能力、知识力和思考力。虽然CLIL源于欧洲，但由于其能够有效将语言和内容融合，能同时达到语言和内容的双重目标，这与我国双语教学的双语目标一致，因此，能为双语教学的开展提供理论指导。

(四)"激发课堂"模式——有效开展双语科学教学的实践指导

我校自2018年9月开校以来，教师平均年龄不到26岁，80%系刚毕业的大学生。为弥补教师在教学经验上的不足，我校成立了课题组，旨在探索适合不同学段、不同学科的"激发课堂"教学模式，为新教师的教学提供明确方向，避免其走弯路。课题组以"激"——"激发、激励、激活"与"新教育"实验对接，注重学生情感、态度、价值观的引领与培养，发掘孩子终身学习兴趣的原动力；以"发"——"发现、发掘、发展"与"理想课堂"实验对接，注重学生学习习惯、态度、方法、效率等引领与建构；通过"激"与"发"，实现"学为中心"理念下学生"愿意学→主动学→深度学→创新学"的目标。目前，我们已经初步构建了"激发课堂"模式图，"学为中心理念下的'激发课堂'模式的实践研究"已立项为成都市新都区教育局科研一般课题。

## 二、研究的目标和意义

基于以上研究背景，本课题的研究目标：

第一，探究CLIL教学法下小学高段双语科学实验课激发教学模式；

第二，探究该模式对我校小学高段双语科学实验课的影响。

此模式为我校高段双语科学教师在课堂教学实践中提供了"脚手架"，在此模式的帮助下，教师能有效开展双语教学。学生能在真实的科学实验情境中，达到习得语言与提升科学素养的双重目标。

## 三、概念界定

CLIL教学法：Do Coyle教授根据Hymes的交际能力理论和Halliday的功能语言学理论，提出了新的教学理论CLIL，它可以用四个单词来概括：Communication（交流）、Content（内容）、Culture（文化）和Cognition（认知力）。以内容为基础，文化为导入，交流为目的，培养学生自主学习的能力。与其他的教学法相比，CLIL注重语言的口头交际能力，更关注从学生的兴趣和态度的视角下培养学生的创新能力，同时也是对学生所学专业知识的补充和实际运用。教师的任务是在课堂上创造一个能互相交流的环境，引导学生在文化中构建自己的知识。学生要参加到每一个课堂活动中，把技能和知识应用到相应的认知语境中。

双语科学实验课：双语的英文是"Bilingual"，直接的意思就是："Two

Languages"。双语教学指的是两种语言作为教学语言的教学，在我国主要是指在教学中利用汉语为第一语言和英语为第二语言的教学。它不是单纯的基于英语知识的教学，而是渗透于各门学科的教学。本课题研究的就是用英语传授小学科学实验学科知识。双语科学实验课教学有利于学生学科知识的融合，并能促进英语的学习。

激发教学模式：教学模式是一定的教学理论或教学思想的反映，是一定理论指导下的教学行为规范。"激发模式"是指在我国小学开展英汉双语教学的过程中，以帮助小学生掌握学科知识与技能为前提，激发他们用英语开展学科知识与技能学习的兴趣，通过不断提高他们的英语交际能力（主要是听说能力），逐步培养他们用英语学习学科知识与技能的能力。

## 四、研究的过程与方法

在分管学科领导统筹下，成立了以分管行政（校务办公室主任）、英语教师（综合学科教研组长和英语备课组长）和科学教师（"学为中心理念下的'激发课堂'模式的实践研究"课题主研人员）为骨干的课题研究团队。具体研究过程及方法如下图。

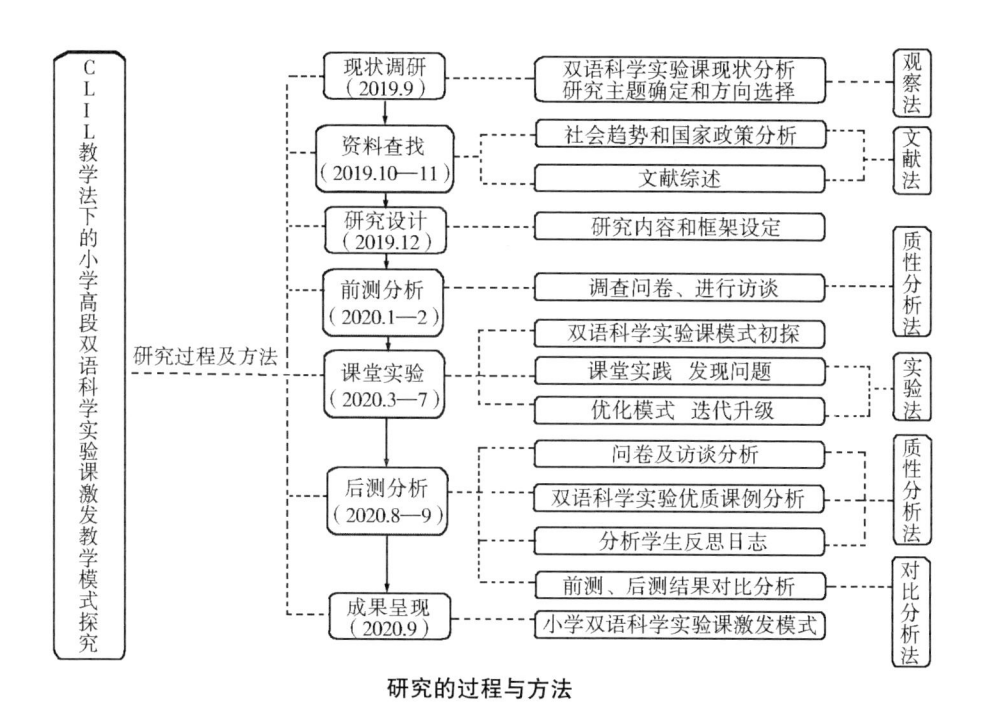

| CLIL教学法下的小学高段双语科学实验课激发教学模式探究 | 研究过程及方法 | 现状调研（2019.9） | 双语科学实验课现状分析 研究主题确定和方向选择 | 观察法 |
| | | 资料查找（2019.10—11） | 社会趋势和国家政策分析 / 文献综述 | 文献法 |
| | | 研究设计（2019.12） | 研究内容和框架设定 | 质性分析法 |
| | | 前测分析（2020.1—2） | 调查问卷、进行访谈 | |
| | | 课堂实验（2020.3—7） | 双语科学实验课模式初探 / 课堂实践 发现问题 / 优化模式 迭代升级 | 实验法 |
| | | 后测分析（2020.8—9） | 问卷及访谈分析 / 双语科学实验优质课例分析 / 分析学生反思日志 | 质性分析法 |
| | | 成果呈现（2020.9） | 前测、后测结果对比分析 / 小学双语科学实验课激发模式 | 对比分析法 |

**研究的过程与方法**

## （一）前期准备

1. 现状调研

2019年9月，运用观察法对我校双语科学实验课进行了调研，深入课堂进行课堂观察，并与老师及学生交流。然后对双语科学实验课现状进行分析，汇总课堂中存在的问题，从而确定研究主题和方向。

2. 资料查找

2019年10—11月，结合我校双语科学实验课中存在的问题，我们查阅了国内外关于双语教学的相关文献，了解不同国家、不同地区双语教学的实施现状及模式，并进行文献综述。

3. 研究设计

2019年12月结合我校双语教学存在的问题，在CLIL理论及"激发课堂"理论的基础上，确定了本研究的主要研究内容：

（1）探究CLIL教学法下小学高段双语科学实验课激发教学模式。

（2）探究该模式对我校小学高段双语科学实验课的影响。

4. 前测分析

为了清晰了解我校高段双语科学实验教学中存在的问题，我们制作了调查问卷及访谈提纲，邀请了两位教育专家、一位正高级教师对调查问卷及访谈提纲的信度及效度进行检验。之后还选取了本校的20名志愿者（包括4名英语教师、4名科学教师、12名五年级学生）对调查问卷及访谈提纲进行可读性检验，最终确定问卷及访谈内容。

接受前测的学生均来自我校双语科学实验选修课班级，他们均已上过双语科学实验课，但这些班级的教师均缺乏双语教学经验。学生在教师的指导下完成问卷的填写，填写的平均时间是20分钟。问卷填写结束后，课题研究团队的成员对每一位同学进行了访谈，每位学生的访谈时间约为10分钟。

通过分析前测结果，我们发现，由于没有符合我校学生认知特点的双语科学实验课堂教学模式，教师在教学过程中缺乏科学的指导及具体实施办法，导致英语与科学内容分配不均衡、教学内容选取不当、英语学科与科学学科的契合度不高，教学质量大打折扣；同时，学生在课堂中学习兴趣和积极性不高，多数都停留在"听懂"阶段，不能在掌握学科知识与技能的前提下，同时达到学科内容与语言知识的双重目标。

**（二）探究 CLIL 教学法下小学高段双语科学实验课激发教学模式**

2020 年 3 月，我们在提出这种教学模式雏形后，运用于教学实践中，开展大量课堂实验，并对教学模式不断进行修正、完善，具体过程如下：

1. 分析文献、课标、教材，正确认识双语科学的教学理论基础和实践基础

通过查阅大量资料，结合我校双语科学实验课教学现状，我们发现 CLIL 教学法能够将学科内容与语言相融合，能帮助师生在运用外语的同时深入学习学科知识，培养语言能力、知识学习能力和思考能力，能同时达到语言和内容的双重目标。这在很大程度上能够解决我校双语科学实验课教师在教学过程中遇到的问题。同时，我校的"激发课堂"模式的关键点在于教师的"激"和学生的"发"，教学中要抓住"激发"这个关键，使学生愿意学，学习学科知识和技能的兴趣不断被激发。我们能够以"激发课堂"模式为导向，探索具有双语教学学科特色的教学模式。

2. 预设教学模式，将教学模式运用于课堂实践，并发现不足

以 CLIL 教学法为理论依据，以"激发课堂"教学模式为实践指导，我们初步拟定了小学高段双语科学实验课的教学模式，并将此模式初次运用于课堂实践，取得了初步成效。但也发现了一些问题，例如：教师不熟悉此模式的有效运用、教学环节时间分配不够合理、一部分学生仍旧停留在"听懂"的程度等。

双语科学研讨课、教研活动

3. 展开研讨会，修正、完善教学模式

我们反复地进行课堂实践、展开深入研讨、请教分管行政和相关专家指导，针对教学模式中存在的问题进行多次优化，实现反思—实践—再反思—再实践。

分管行政指导　　　双语科学"激发课堂"教学模式研讨活动

**4. 展示成果，汇报总结，确定模式**

2022年5月我校双语科学实验教师及五年级学生一起呈现了一节"激发课堂"模式下的小学双语科学实验展示课，2022年8月对本课进行了课例分享，并邀请成都市教科院专家、成都大学教授、新都区教育局领导对此教学模式进行指导，最终提出了"CLIL教学法下的小学高段双语科学实验课激发教学模式"。

**（三）探究该教学模式对我校小学高段双语科学实验课的影响**

2022年3—7月，提出教学模式后，我们将模式运用于全校的双语科学实验课中，通过与前测结果对比，研究此模式对课堂教学的影响。后测的数据来源有以下几个方面：

**1. 问卷及访谈**

学生接受过此模式下的双语科学实验课后均再次在老师的帮助下完成了调查问卷的填写，填写的平均时间为20分钟。问卷填写结束后，课题研究团队的成员再次对每一位同学进行了访谈，每位学生的访谈时间约为10分钟。需要注意后测的问卷和访谈提纲与前测相同。

**2. 课堂实录**

经过老师和学生的同意后，我们会对课堂进行实时录像，后期转录为文字，目的在于分析教师在课堂中的"激"及学生的"发"。

**3. 反思日志**

每节课结束后都要求学生写书面反思日志，主要反思本节课的收获而非简单重复课堂内容，目的在于收集更加全面的研究数据，深入了解该模式是否有效服务于教学实践。

## 五、研究成果

在"学为中心理念下的'激发课堂'模式的实践研究"(已立项为新都区区级一般课题)的指导下,结合CLIL教学法,我们探索了小学高段双语科学实验课激发教学模式,并在教学实践中对此模式不断升级优化,先后形成了1.0版本、2.0版本、3.0版本。

### (一)初探CLIL教学法下的小学高段双语科学实验课激发教学模式

我校开设的双语科学实验课校本课程在已立项的区级一般课题"学为中心理念下的'激发课堂'模式的实践研究"的指导下,结合CLIL教学法,旨在通过探究教师"激"策略和学生"发"的方法,提高教师的课堂教学能力和发展学生的科学实验素养及提高学生学习英语的效率。课题组在对双语科学课进行了现状调查、阅读文献、设计研究后,针对我校实际情况做了调查问卷和访谈分析,初步提出了"CLIL教学法下的小学高段双语科学实验课激发教学模式(1.0版本)"。在此模式中,教师通过导入情境,激发兴趣,引导学生发现问题;通过引导猜想,激活学生思维,设计实验;通过指导实验,激荡学生素养,引导学生探究实验;通过巩固延伸,激励评价,引导学生对比总结。在学为中心的理念下,学生从"愿意学""学会学""深度学"到"自能学",同时达到学科内容与语言知识的双重目标。

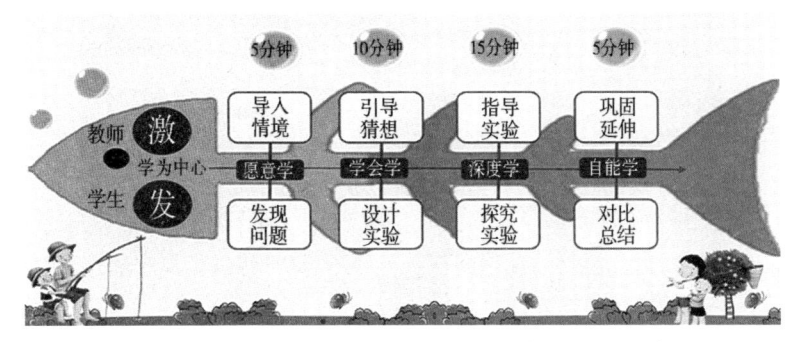

小学高段双语科学实验课"激发课堂"教学模式(1.0版本)

### (二)优化CLIL教学法下的小学高段双语科学实验课激发教学模式

初步提出教学模式后,我们再将该模式运用于课堂实践中,旨在通过课堂实践发现该模式存在的不足之处,并进行完善。2020年5月我校双语教师与五年级学生呈现了一节"激发课堂"模式下的"小学双语科学实验展示课——Who Sinks or Floats（《谁主沉浮》），该课整合教育科学出版社《科学》五年级下册第一单元"沉和浮"第一课时《物体在水中是沉还是浮》。课堂紧密围绕物体的沉浮进行设计，通过"DIY创意鱼竿大赛"的情景，利用科学实验，带领学生探究各种日常物品的沉和浮；学生能在真实的科学实验语境中运用核心语言The…can float./The…can sink来描述物体的浮沉情况，

蚕丛路小学在2022年春"2+N"模式下的"激发课堂"研究展示活动

并从实验得出：同种材料构成的物体，同时改变它的重量和体积，沉浮情况不变。学生通过实验探究，能自主选择鱼竿浮漂和铅垂的代替材料并完成鱼竿的制作。在"双语科学实验课激发教学模式"的帮助下，教师提高了课堂把控能力和教学能力，清晰各教学环节的"做什么""怎么做""为什么做"，学生能在掌握科学学科知识和习得语言的同时，体验到科学探究的乐趣，保持和发展探究周围事物的兴趣和好奇心，认识到科学与生活紧密相连。从而促进语言能力、思辨能力、创造力和学科能力的协同发展。

该课将"学科融合"的思想及相关教学策略方法推广到各学科课堂中，以有效激发学生学习内部动机。教师的目标设计符合学生发展鼓励，取舍有度而彰显目标的重难点。整堂课全班学生投入状态很好，喜欢该课程。通过"小组协同合作"学习，学生参与练习、思考、设计实验、总结的面很大，学生动手操作、填表、辅助操作、观察、开口描述实验过程与结果，同时体现了整个学习的过程是由浅至深的发展。学生的知识和技能的建构水到渠成。

本节课得到了全校老师的高度赞扬，为新老师们提供了有效的双语科学实验课教学模板，他们也从这堂课中学会了如何高效地把控课堂，如何让课程有梯度和延续性。该课例在2022年春"2+N"模式下的"激发课堂"研究课展示活动中荣获特等奖。

但是，教师们在使用该模式的过程中，对模式图进行了修改和完善：每一教学环节的教学策略不是很详尽，只针对科学实验做出了具体的操作提示，并没有把学科语言学习渗透在科学学科知识与技能里。我们通过在日常课堂教学中不断实践与反思，将小学高段双语科学实验课模式图（1.0版本）进行了优化。

我们以CLIL教学法为理论指导与"激发课堂"模式图为实践指导相结合，对模式再次进行优化，构建了小学高段双语科学实验课激发教学模式（2.0版本）。通过教师的"激"与学生的"发"，实现"学为中心"理念下学生"愿意学→主动学→深度学→创新学"的目标。

1. 通过情境导入，教师激发学生学习兴趣，激活语言，引导学生发现问题、调动已知经验、聚焦语言。让学生在"学会学"的基础上，达成"愿意学"的教学目标。教师通过创设相应的情境，使课本知识生活化，拉近学生与学科知识的距离，从而引出本课的话题。

2. 通过引导学生猜想，教师激发学生学习欲望，搭建支架，帮助学生分析问题、设计实验、建构语言，达成"主动学"的教学目标。在小学双语科学实验教学课堂中，教师要善于就地取材、选择贴近生活实际的实验材料，更易于学生理解。从而培养学生的动手操作能力，让他们通过科学实验来对问题进行探究，并在真实的科学实验语境中，尝试运用核心语言。

3. 通过指导学生实验，提升学生科学素养，巩固语言的学习，帮助学生解决问题，达成"深度学"的教学目标。学生通过科学实验来对问题进行探究和验证，在真实的科学实验语境中习得语言。通过科学实验来验证预测，并运用科学知识来进行实验，在过程中促进学生协同合作探究的能力。

4. 通过对课堂的巩固和延伸，激励评价，拓展语言，引导学生得出结论、反思创新、迁移语言，在学生能够自能学的基础上，达成"创新学"的教学目标。在小学双语科学实验课堂教学中，引导学生掌握科学知识、总结科学概念。科学知识和自然现象就在我们的生活中，教师要善于引导学生运用科学知识去解释自然现象，在此过程中，学生能够将科学知识和英语语言进行有效迁移，并解决生活中的实际问题。

2022年8月，在成都市新都区蚕丛路小学校举办的"2022年秋'激发课堂'幸福教育论坛"中，课题组成员对"小学高段双语科学实验课激发教学模式（2.0版本）"初步探究成果进行了汇报分享。

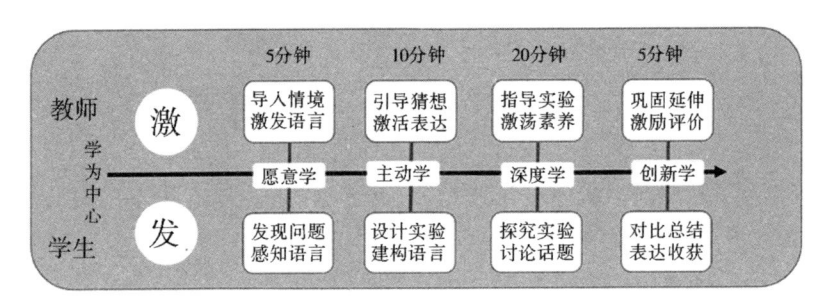

小学高段双语科学实验课"激发课堂"教学模式（2.0版本）

在小学科学课程标准的指导下，以"学为中心理念下的'激发课堂'"为核心思想，我们从科学概念、语言知识、科学探究和科学态度四个维度进行了目标的设定与达成。

环节一：愿意学。通过情境创设，激发了学生的学习兴趣，学生能够主动思考，发现问题。本课通过引导学生观察图片，激发学生学习兴趣，调动学生的生活已知经验，引出话题：Who Sinks or Floats，学生围绕这一话题探索各种日常物品的沉浮并在过程中感知语言。

环节二：主动学。在本节课中，学生基于探究，通过协同的方式，教师调动全员学习积极性的规范与步骤，最大限度地发展每一个学生的学习能力。教师帮助学生保持和发展探究周围事物的兴趣和好奇心，激发创造欲望。我们鼓励学生根据已有知识和经验对物体的沉浮现象进行讨论和预测，并能说明预测的依据，以此来激活学生主动表达；同时能通过小组协同合作的方式设计实验、在过程中建构语言。

环节三：深度学。学生经历观察、设计、改进，认识到科学与生活紧密相连，通过小组合作完成任务，提高实验操作能力、创新意识、小组合作能力与逻辑思维能力，用语言来表述科学实验探究的结果。课堂中我们通过协同、支架、任务等教学策略达成主动学和深度学。

环节四：创新学。学生能经历一个典型的"观察—发现—推测—验证"的科学探究活动过程，认识到物体的沉浮现象是有规律的，能丰富自己的认识，修正、完善原有的认识，体验科学探究的乐趣，并能用语言来表述科学实验的结论。在展示环节，教师巩固延伸，学生对比总结。通过展示让学生的思维可视化，学生的逻辑思维能力、表达能力、创新意识、迁移能力得以提升。

该汇报得到了成都市教科院基教所副所长、成都大学小教系主任、成都大学教育学院副院长、新都区政府副总督学、新都区教育局中小学教研培训中心领导的肯定和指导。会后，课题组结合专家们给出的指导意见将"小学高段双语科学实验课"激发课堂"教学模式（2.0版本）"进行了迭代升级。

**（三）升级 CLIL 教学法下的小学高段双语科学实验课激发教学模式**

我们以 CLIL 教学法为理论指导与"激发课堂"模式图为实践指导相结合，对模式再次进行优化，构建了小学高段双语科学实验课"激发课堂"教学模式（3.0版本）。通过教师的"激"与学生的"发"，实现"学为中心"理念下学生"愿意学→主动学→深度学→创新学"的目标。

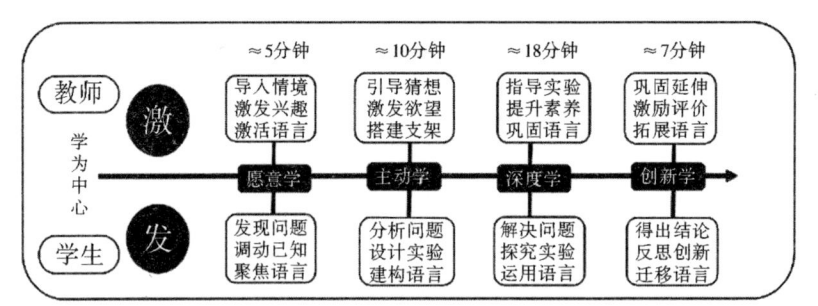

## 厚积薄发 智教慧学——"激发课堂"的蚕丛实践

```
            ≈5分钟      ≈10分钟     ≈18分钟     ≈7分钟
          ┌─────────┬─────────┬─────────┬─────────┐
   教师   │导入情境 │引导猜想 │指导实验 │巩固延伸 │
     激   │激发兴趣 │激发欲望 │提升素养 │激励评价 │
     ↓   │激活语言 │搭建支架 │巩固语言 │拓展语言 │
   学为   ├─────────┼─────────┼─────────┼─────────┤
   中心   │ 愿意学  │ 主动学  │ 深度学  │ 创新学  │──→
     发   ├─────────┼─────────┼─────────┼─────────┤
     ↑   │发现问题 │分析问题 │解决问题 │得出结论 │
   学生   │调动已知 │设计实验 │探究实验 │反思创新 │
          │聚焦语言 │建构语言 │运用语言 │迁移语言 │
          └─────────┴─────────┴─────────┴─────────┘
```

注：各教学节环时间可根据实际课堂情况进行适当调整。

**小学高段双语科学实验课"激发课堂"教学模式**（3.0 版本）

环节一：愿意学。通过情境导入，教师激发学生学习兴趣，激活语言，引导学生发现问题、调动已知经验、聚焦语言。让学生在学会学的基础上，达成"愿意学"的教学目标。教师通过创设相应的情境，使课本知识生活化，拉近学生与学科知识的距离，从而引出本课的话题。

环节二：主动学。建构语言，达成"主动学"的教学目标。在小学双语科学实验教学课堂中，教师要善于就地取材、选择贴近生活实际的实验材料，更易于学生理解。从而培养学生的动手操作能力，让他们通过科学实验来对问题进行探究，并在真实的科学实验语境中，尝试运用核心语言。

环节三：深度学。通过指导学生实验，提升学生科学素养，巩固语言的学习，帮助学生解决问题，达成"深度学"的教学目标。学生通过科学实验来对问题进行探究和验证，在真实的科学实验语境中习得语言。通过科学实验来验证预测，并运用科学知识来进行实验，在过程中促进学生协同合作探究的能力。

环节四：创新学。通过对课堂的巩固和延伸，激励评价，拓展语言，引导学生得出结论、反思创新、迁移语言，在学生能够自能学的基础上，达成"创新学"的教学目标。在小学双语科学实验课堂教学中，引导学生掌握科学知识、总结科学概念。科学知识和自然现象就在我们的生活中，教师要善于引导学生运用科学知识去解释自然现象，在此过程中，学生能够将科学知识和英语语言进行有效迁移，并解决生活中的实际问题。

## 六、研究效果

**（一）学生学习兴趣浓厚，实现了英语语言和科学学科的双重目标**

在"小学高段双语科学实验课'激发课堂'教学模式"指导下，教师通过英语教授学科知识，将英语教学与科学教学结合起来，打破了学科界限。

一方面，学生能够用英语对科学实验进行简单描述，能用英语与同学交流实验结果，也能够意识到英语这门国际化语言能够帮助我们学习更多的其他学科专业知识，广泛的听说空间让他们的自信得到了充分的发挥，例如，学生积累了很多专业化的词汇，还能用英语描述实验过程和实验现象。课后，学生也逐渐形成了英语思维习惯，能在很多场合用英语交流，更爱说英语了。例如，学生在学习有关冷热的知识时，当用手接触热水杯时，会很自然地说出："It's so hot！"

另一方面，相较于使用教学模式前的双语科学实验课堂，语言能够有效地渗透到科学学科知识中，课堂环节时间分配更加合理、学科之间融合度更高，学生的实验探究能力得到了有效提升。例如学生在教师的激发下，能完全沉浸在"做科学"中，用科学的思维思考，经历一个完整的科学探究过程，正如一位同学说的那样："原来随着实验证据的不断丰富，实验结论就可能发生改变。看来，任何结论都要基于证据呀！"

**（二）双语教师专业化发展得到提升**

双语教学是用英语作为媒介语言进行学科教学，对于教师的发展是机遇也是挑战。通过使用这一模式进行授课，我校的双语科学教师掌握了有效的教学方式，也少走了很多弯路，一批双语科学教师正在迅速成长。

一方面，老师们是这一模式的实践者，他们能将此模式灵活运用于课堂实践，能够较为准确评估学生的认知水平、有效整合学习资源，对教学内容合理取舍，适当安排每个环节的教学时间，帮助学生构建、提升与内容相关的认知。正如一位教师所说，"第一次进行双语教学的时候，我把双语科学课上成了'单词课'，但如今，我已经能够把CLIL理论渗透于我的教学中，实现英语与科学的融合，同时，我也能意识到课堂中激发学生学习欲望、学习潜能等的重要性，并在课堂中不断强化。"

另一方面，老师们也是双语课程的主动开发者和研究者。教师在运用这一模式进行教学的过程中，会经历一个实践—反思—再实践的过程，教师对教学不断反思，也为此模式的完善提供了很多有效建议，为模式的建立贡献力量。双语教学的教师正在逐步成长为教学型、研究型、可持续发展型教师。

**（三）凸显学校办学特色，促进了学校的长远发展**

我校以教师和学生的幸福发展为核心指导思想，希望师生都能过上一种幸福完整的教育生活。通过对双语科学实验课模式的探究，学校的教学水平、文化氛围、师资力量都得到了明显的提升。教师找到了教学的自信，感受到了教育幸福；学生体验到了双语课堂的兴趣，享受着幸福的教育。这都凸显了我校在双语教学方面的特色，特别是"'激发课堂'幸福教育论坛"的成功举办，赢得了社会各界的高度赞誉，为我校的长远发展奠定了坚实基础，也为其他兄弟学校做出了良好的示范作用。

## 七、研究创新点

### （一）学科相互融合，师生共同成长

在双语教学中，教师是"激"的主体，学生是"发"的主体，只有充分发挥了他们相互的作用，才能保证双语教学的质量。目前有关双语科学教学模式的研究不多，因此双语科学授课教师缺乏理论及实践指导。本研究结合本校实际存在的问题，将英语与科学这两个看似没有特别关联的学科有机结合起来，并为本校教师提供有效、操作性强的教学模式，避免老师们走弯路。在教学过程中，将语言渗透到科学学科知识中，语言与学科内容有机融合，激发了学生学习科学的兴趣，同时提升了学生的英语学习效率。在学习的过程中，学生的英语语言运用能力和科学素养都得到了不断的提升。

### （二）理论结合实践，CLIL 遇见"激发"

在以学为中心的双语科学实验教学中，"激"是教师的教学策略，"发"是学生学习的方法，学生达成从愿意学、主动学、深度学到创新学的目标。"激发课堂"模式有很大的开放性，根据学科特色的不同，具有不同的导向。考虑到双语科学实验课涉及两种学科这一特性，我们认为具体的"激发"策略应当符合双语教学的特点，探索双语科学实验课教学模式，提升学生的英语语言能力和科学学科能力是我们关注的问题。CLIL 教学理念恰恰是以学生为中心，以学科知识为背景，注重学习过程，注重学习过程中的体验，注重自主学习和独立思考能力的培养，帮助学生达成学科知识和语言能力的双重目标。这为我们提供了很好的借鉴。因此，以"激发课堂"模式为实践指导，我们大胆地将 CLIL 与"激发课堂"相结合，探究出了适合我校师生的双语科学实验课教学模式，促进了我校双语教学的发展。

## 八、反思与启示

本研究在一定程度上取得了一定成果，但仍存在一些不足：

1. 在目前的研究中，参与实验的教师和学生数量有限，导致在研究此模式有效性的过程中，样本数偏少，因此在未来的研究中我们要进一步扩大样本量，继续探究该模式的有效性，并对该模式进行修改和完善。

2. 本研究主要针对小学高段双语科学实验课，此模式对整个小学学段而言，缺乏完整性和系统性，在接下来的研究中，我们将对小学各年段的双语科学实验课教学模式进行进一步探究，形成一套完整的体系。

# 基于深度学习的"激发课堂"艺术学科成果报告

蚕丛路小学艺术项目组

## 一、探究背景

### (一) 音、美术学科融合的重要意义

课程融合是世界各国基础教育课程改革和发展的共同趋势，是当前我国正在着力构建的一种新的课程形态。作为艺术课程音乐、美术具有这样一个共同点，就是在一定的艺术氛围感染下，调动学生积极向上的情感，提高审美、陶冶情操。好的音乐犹如一幅美丽动人的画面，好的美术作品又宛如一支美妙的乐曲。音乐与美术因为存在共性而彼此联系、相互渗透、相互影响，使人们产生的审美感受与内心的共鸣是相同的。在一些抽象绘画中点、线、面、色彩等视觉要素的组合会让人产生类似于欣赏音乐作品时，由于音符和节奏的不同组合所产生的某种韵律感，这个感觉被称为艺术的通感，即艺术的相通性。

在新课标中，音乐与美术课标统称为艺术课标，从中可以看出，音乐、美术融合更符合创新教育的理念。在融合课堂中，更能充分激发学生想象力和创造潜能，促进学生素质的全面发展，真正实现德、体、美综合成长。

### (二) 我校艺术学科教学面临的困境

由于我校学生大部分都是随迁子女，部分家长对艺术教育的认识不够，学生对艺术的学习和实践也不足，所以学生的艺术素养普遍不高，对艺术的理解和实践能力还有待提高。例如美术课上学生的创新能力和想象力还不够，画出来的作品形式比较单一，缺乏想象。而音乐课上我校高段学生音乐基础知识的掌握不够，基础音阶认识不深，识谱能力也有待加强，对歌曲的情感理解也存在一定的问题。综上所述，寻找新的模式让学生能更好更快地融入进艺术课堂，真正愿意学、学会学、深度学，是亟待解决的问题。

### (三) "激发课堂"教学模式——开展学科融合教学的实践过程

首先全体老师对我校蝶变组"激发课堂"教学理论进行深度研讨学习，

分析我们两个学科目前的现实状态。整体情况如下：

"2+N"课堂助教模式是基于我校现阶段青年教师为主，绝大部分为毕业不足两年的大学生，整体教育教学的实践经验不足的实情，为使教师们全面快速成长，除常规理论的培训学习外，我校结合学生学情，研发独具特色的"2+N"课堂助教模式，帮助青年教师抱团发展，协助进步，达到快速成长的目的。"2+N"课堂助教模式中"2"是指在同一节课中，两位教师课程教学设计和结合自身特长，然后进行合理分工，共同完成教学内容。"N"是指在两人教学的基础上，以备课组为单位，同组教师一起参与备课、设计教学、磨课，也可以参与到课堂教学当中去。同时这种同组集体参与的方式也可外延，和其他小组一起创新教学方法，做到学科大融合，培养学生综合学习能力与应用能力，从而达到协助进步，共同成长的目的。

## 二、探究的目标和意义

### （一）探究的目标

1. 学生可以通过"激发课堂"学科融合课更好更快地融入课堂，自发地学习课中的内容，教师可以通过这样的课堂模式更加亲近学生，设计出更多有创新性的课程体系。

2. 摸索出具有艺术学科自身学科特点的"激发课堂"教学模式，将这种模式循序渐进推进整个艺术课堂。

### （二）探究的意义

1. 师生都可以通过"激发课堂"具有自身学科特色的模式进行创新，学生可以通过这样的课程体系产生更多学习的兴趣，从而达到愿意学、学会学、深度学的效果。

2. 教师在探究"激发课堂"模式的过程中可以突破自我，通过"激"与"发"看到平时在课堂中所看不到的教学方面存在的问题，从传统的教学手段中脱离出来，真正做到以学生为本，让学生成为学习的主体，实现生本课堂的实践意义。

## 三、概念界定

激发教学模式："激发课堂"主要是以学生为主体，学生通过老师的"激"，能够达到预设的"发"的效果，学生自己引发兴趣，发散思维，开发想象，得以发展。"激发课堂"教学模式是指老师们在选择授课内容的时候，根据学生学情和接受能力自选题材，以帮助小学生掌握学科知识与技能为前提，激发他们对音乐美术及相关艺术学科的兴趣，通过不断参与到课堂，对老师的引导进行进一步思考讨论，深度学习，逐步培养他们掌握知识并且应用知识的能力。

## 四、探究阶段

### （一）初探小学高段音乐美术融合课的"激发课堂"教学模式

两次"激发课堂"展示课在准备阶段，整个艺体组进入集体备战状态，通过主题教研的形式，从课题入手，根据学生学情和课标要求深入挖掘教学资源。依据本校学生学情，还有"激发课堂"需要呈现的课堂效果来进行一步步的课堂设计。同时，在选定授课年级和班级方面，同样费尽心思，老师们齐心选择符合学情、适合授课难易程度、课堂容量的班级。找到两个学科的融合点后，确定主题，围绕"激发课堂"教学模式，小组内从学生兴趣入手，激发兴趣，发现并探究问题。

### （二）优化小学高段音乐美术融合课"激发课堂"教学模式

在此模式中，教师通过情境导入（创设博物馆主题），激发学生的学习兴趣，抓住学生的注意力，学生"愿意学"；美术部分通过分组自由装饰脸谱，学生可以充分发挥想象，整个过程中自我探索、创新，实现"学会学"；音乐部分教师通过简单的动作教学，让学生观察、模仿，了解京剧的意义，从而达到"深度学"；结尾部分音乐和美术相结合，通过故事主线（博物馆）收尾，学生将整节课学到的知识融会于一体进行展示，实现"自能学"。

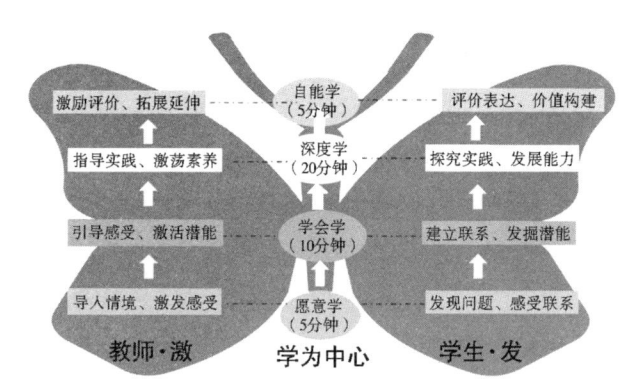

音美融合"激发课堂"教学模式

# 基于深度学习的"激发课堂"体育成果报告

蚕丛路小学体育项目组

## 一、"2＋N"项目课程开发背景综述

### （一）传统体育项目发展意义重大

中国作为一个拥有五千年悠久历史的国家，祖先给我们留下了很多源远流长、博大精深的文化遗产，传统体育项目更是作为文化遗产中的一个重要部分，在古代就有蹴鞠等全国闻名的体育项目。在当今，传统体育项目不仅仅在于锻炼身体，更是有利于我们了解历史，了解传统体育文化。

### （二）传统体育教学创新发展需求

我校体育教师多为年轻教师，专业多样化，包括了田径、篮球、足球、排球、武术、舞蹈等，但主要是常规体育项目，一直以来缺少传统体育，在传统体育课程项目上有缺失。通过传统体育的教学，促进传统文化的创新与发展，彰显文化育人的教育价值，增强民族责任感，丰富校园体育资源。是为了将来学校长期课程发展的需求。

### （三）体育学科"激发课堂"模式实践运用

在本次"2＋N"模式教学中，我们以备课组为基础单位，集体备课、磨课、反思，同时也是为了开发创新性、融合性特色课程。其目的是创新性构建促进新教师成长，提升教育教学质量，提升团队合力的团队教学模式。我校85%的教师均为近两年毕业大学生，缺乏教育教学经验，教学创新能力低，团队协作能力低，"2＋N"模式正是符合我校实际且能够帮助新教师快速稳健成长的重要培养策略。通过传统体育竹竿舞的方式进行呈现和实施，完美契合我校"2＋N"理念，也符合新教师的发展，给学生带来更好的课堂体验。

## 二、"2＋N"项目课程目标

基于以上研究背景，本课题的研究目标为：

1. 运动参与目标

传统体育项目除了可以达到基本的运动负荷，更是要让学生了解传统体育与文化，体验传统体育项目，因此通过本次课程的开发，学生在运动参与目标应达到百分之百。

2. 运动技能目标

通过学习大部分学生掌握竹竿舞的基本步伐与节奏，可以很好地结合音乐、乐器、四字词语、古诗进行竹竿舞。同时发展上下肢力量，学会正确使用竹竿。

3. 情感目标

本次课难度不大，通过练习，大部分学生可以达到要求。在练习过程中以小组为单位通过任务卡，进行自我学习，自我探究，因此他们可以体验成功的喜悦，培养自主探究意识和合作意识。

## 三、"2+N"项目课程实践过程

### （一）建构理论指导实践

"激发课堂"模式是我校综合组今年新申报的教育科研课题，"2+N"模式是基于该课题下促进青年教师成长的实践策略。这两个模式均处在理论建构期，还未运用实践，我组教师对其理论认识还存在空白。为了能够尽快清晰认识两个模式的内涵和落实实践，在教研室和课程与教学中心两位主任的指导下，并在综合组教师帮助下，我组教师积极学习该科研课题理论知识，查阅相关案例，梳理并建构了符合体育教学的"激发课堂"模式和"2+N"模式理论基础。

"激发课堂"模式是指导体育教学以学生为中心，充分体现学生在教学中的主体地位，以激发学习兴趣，发掘学习潜能，发展学生能力，变被动为主动，培养学生核心素养为目标。以改变教师传统"我讲你听"填鸭式教学手段为措施，促进教师教学设计创新能力的提升，引领教师课堂上"讲授者"向"领袖"的角色转变。完善课堂评价体系，将单一无情感的"老师表扬"转变为有学生参与，有情感互动的生生互评，师生互评，将模糊不清不具体的"老师称赞"转变为有目的，多角度，具体且有激发性的评价。

"2+N"模式中的"2"是指在同一节课中，两位教师根据教学设计和自身特长合理分工，共同完成教学实施。"N"一方面是指以备课组为基础单位，也可以是更多人如教研组为单位的团体合作集体备课、磨课、反思，另一方面是指开发创新性、融合性特色课程。其目的是创新性构建的促进新教师成长，提升教育教学质量，提升团队合力的团队教学模式。我校85%的教师均为近两年毕业的大学生，缺乏教育教学经验，教学创新能力低，团队协作能力弱，"2＋N"模式正是符合我校实际且能够帮助新教师快速稳健成长的重要培养策略。在本次活动中，"竹竿舞"这节课之所以能够得到领导和观课教师好评的原因之一，正是老师们从理论上深刻认识"激发课堂"和"2＋N"模式后，围绕学为中心和团队协作的理念设计教学、磨课、上课、反思，最终呈现出一堂教师情感饱满、方法得当、设计新颖、学生乐学、气氛活跃的优质公开课。"激发课堂"和"2＋N"模式通过公开课的首次验证，其结果肯定是符合体育教学和适于促进我组青年教师成长的模式。我们也将继续深入实践，不断研究将其演化完善，使其更加有利于体育常规教学和团队培养。

### （二）分工协作抱团发展

"激发课堂"和"2＋N"模式是一个新生理念，面对探索新理念中的未知和困难，我们拥有一个勇于挑战、强大又团结的艺体组团队。艺体组现有音、体、美三学科共计教师15人，其中10人教育教学经验不足两年，在抱团发展的团队理念下，我们结成"学习共同体"，心往一处想，劲往一处使，自开校近两年时间里，克服了一次又一次的困难，获得了一次又一次的荣誉。本次体育公开课取得成功，也再一次印证了团队协作力量能够推动一群人共同成长，将成功变得简单。能够取得成功，正是因为我们团队做到了目标明确、分工协作、形成合力、抱团发展。自2019年春季学期开始，我组就制定了"教师成长需求暨团队发展目标"。我组教师都很年轻，需要积累大量的教育教学理论知识和实践经验，"激发课堂"和"2＋N"模式的研究和运用正是教师们学习成长的好机会。本次公开课准备之初，全组教师最大的困惑就是不明白什么是"激发课堂"和"2＋N"模式，迫切需要将其弄明白、搞清楚，还要能运用。在团队发展目标下，我们将教师们的需求设定为本次活动的第一目标，初步建构理论。从去年九月开始我组新进了4位年轻新教师，受疫情影响新老教师们很少有机会共同协作，教师之间缺少互相合作、交流的机会，相互之间也缺少合作方法，为使教师们能够更快地相互帮助，取长补短，我们将本次活动第二目标设定为携手共进，形成团队合力。通过近三周时间的活动，教师们顺利达成了这两个目标，既初步建构了符合自己学科特点的"激发课堂"和"2+N"模式，还增进了相互之间的了解，工作效率也明显提高，团队氛围更加融洽，团队也更具凝聚力。

我组教师有两大特点：一是音体美教师专业跨度大，二是老师们除教学工作以外，还兼有部门干事、辅导员等工作。每个人的工作时间、活动轨迹都不相同，在活动准备、教学设计、磨课等方面都受到专业和兼职工作的限制。为了提高活动质量和效率，并且不影响教师们常规工作，我们在合作分工时也作了周详安排。实施教学的两位教师是根据教学内容和"老带新"的原则搭配的。老教师获得过区级体育赛课特等奖，教学能力强，新教师具有专业的舞蹈技能，对"竹竿舞"的理解和展示更加专业。两位教师也有过一学期共同执教运动舞蹈校队的合作经验，彼此了解具有较高的默契。活动准备根据教师专业特长分工，体育教师做专业教学设计，音乐教师做"竹竿舞"节奏指导、教学音乐设计和动作设计，美术教师板书设计和教具设计。兼职干事受工作影响，主要负责在磨课时规范授课教师课堂教学行为。备课组长统筹负责和协调磨课、上课班级。在公开课授课时，体育教师负责解析教学设计、反思和配合教学实施，音乐教师负责观课组织，美术教师负责摄影。虽然本次活动时间长，工作项目繁多，但是教师们分工明确，在整个过程中并没有出现影响本职工作和教师工作状态的现象。这样的分工协作过程，教师们发挥了自己的专业特长，学科之间也找到了融合协作的规律，教师们都乐在其中，各司其职，不仅井然有序地组织开展了活动，同时每一位教师也紧随团队步伐共同成长。

（三）学科视野共性融合

学科融合在很多体育公开课、展示课教学设计中都成为教师们教学创新的首选策略。然而很多时候，教师们在运用这一策略后，教学效果却并没有预期那么好。其原因在于教师们教学设计之初对学科融合理解不够深刻，缺少多学科综合性课程视野，只是为了让教学环节看似有趣多样，为了"热闹"而融合。学科融合是指承认学科差异的基础上不断打破学科边界，促进学科间相互渗透、交叉的活动。在教学中运用学科融合策略时就必须找准学科间共性点或交叉点，这个点可以是知识与技能的共性，也可以是教学行为的共性，还可以是学习方法的共性。同时，学科融合在教学中也存在主次关系和知识与技能的迁移，其他学科知识技能、教学行为、学习方法等都是服务于主学科教与学的,使其高质量达成教学目标。如果教学设计和实施没找准这一交叉点,没有主次之分,再"热闹"的教学也只是一种教学娱乐行为。"竹竿舞"这堂课是二三年级教学内容,知识与技能重点是节奏准确、动作标准、协调合作。为使教学设计更加符合"2+N"模式,我们采用了学科融合策略,整节课涵盖了三年级语文四字词语和古诗,音乐2/4节拍的多个知识点。这些知识点与"竹竿舞"的知识与技能都有学科共性交叉点,四字词语词形选择"AABB"式,其朗读节奏正好与"竹竿舞"跳动基本步法的节奏一致,五字古诗朗读节奏正好又与音乐课里"竹竿舞"歌曲《喜鹊钻篱笆》节奏一致,三个学科融合交叉点就是节奏2/4拍。四字词语、古诗、歌曲由简到难反复练习,学生节奏感得到了培养,还在有趣的体育锻炼中巩固了语文和音乐的知识。本次课后我们也得到了其他的启示,比如色彩体育,将美术色彩三原色课程与体育灵敏性游戏"喊号抱团"相融合等。

(四)巧妙构思精心设计

一节优质的小学体育课中学生能够得到充分的锻炼,学习兴趣浓厚、参与度强、身体素质和意志品质都能得到有效发展。在本次教学设计中的各环节充分体现学生主体性,提升学习兴趣,注重参与度和运动强度,强化师生互动性,培养合作意识和科学锻炼意识。整节课各环节衔接遵循体育锻炼规律,内容也按由简到难逐步提升练习强度和密度。课的开始部分学生跟随老师在音乐伴奏下跳《兔子舞》充分活动身体各部位关节和充分热身。《兔子舞》跳动步伐采用后踢腿,与《竹竿舞》步伐一致,节奏也相同,学生在练习过程中产生节奏印象和动作技术印象,心理和生理都为基本部分学习做好了充分准备。基本部分改变传统的讲解示范、模仿练习的教学方法,运用任务导图引导学生自主思考和探索,练习难度层层递进逐步完成任务形成运动技能。本节课重点内容是《竹竿舞》步伐和节奏,基本部分第一环节运用语文四字词语朗读节奏和《竹竿舞》节奏一致性,设计了任务环节,学生自行探索变朗读变跳《竹竿舞》。第二环节,为进一步提升节奏准确性和教学趣味性,运用语文五字古诗朗读节奏与《竹竿舞》节奏一致性,同时加入乐器使用提升协调性,设计了学生边跳边朗读边用乐器打节奏任务。第三环节,将歌曲《喜鹊钻篱笆》加入练习,学生听、跳、读、打多项身体功能同时协作,学科知识有机融合,核心素养充分发展。结束部分,在舒缓的苗族音乐中学生自由模仿教师柔美的舞蹈动作,身心得以舒缓放松。整节课的设计融入了数学的思维方法、科学运动方法、语文知识、音乐技能，根据运动规律，由简到难，通过自主探究，小组合作，逐步促进学生头、心、手合一协调发展。

### 四、"2+N"项目课程实践成果

在本次活动中，我组教师不仅在公开课中获得成功，还为他们积累了宝贵的"激发课堂"和"2+N"模式的理论经验，同时提升了团队协作能力。对于一个缺乏经验的团队，这是一次价值斐然的成长经历，也为今后个人和团队发展塑造了成功案例。

# 教学设计

## 借境引思考　以悟促成长
### ——统编教材六年级下册第五单元课文《学弈》文本解读

蚕丛路小学语文教研组　袁丽芳

### 一、单元教学目标

本单元是统编教材六年级下册第五单元，由《文言文二则》《真理诞生于一百个问号之后》《表里的生物》《他们那时候多有趣啊》4篇课文及口语交际、习作和语文园地构成。根据《义务教育语文课程标准（2022年版）》和教材，本单元目标设定为：学会课文用具体事例说明观点的方法，体会探索精神；围绕材料整理并能清晰表达自己的观点；可以展开想象写一篇科幻故事；交流自己六年学习养成的好习惯。

### 二、教材解读

#### （一）文本地位

《学弈》是部编版六年级下册第五单元的《文言文二则》中的一篇文言文，它具有一定的故事性，而且大部分学生都比较熟悉本课的内容。第五单元的知识架构主要以"科学精神"为内容，"体会文章是如何运用具体事例说明观点的"为本单元语文学习的要素。而本课旨在通过对文言文的学习去激发学生阅读和学习文言文的兴趣这一目标。

#### （二）文本理解

《学弈》节选自《孟子·告子上》。本文讲述了两个人跟随弈秋学下棋，在相同的条件下两人的学习效果截然不同的故事，说明了学习要专心致志的道理。文本中的弈秋是史上有记载的下围棋高人，在文本中孟子称弈秋为"通国之善弈者"，可以看出弈秋拥有高超的下棋技巧，才会有学生拜师学艺。

### 三、学情分析

本课的授课年级为六年级，六年级的学生相较于其他年级段的学生，无论是对文本的理解还是对语文知识的积累都会好很多。而且在四五年级他们已经对文言文打下了一定的基础，大部分同学都掌握了学习文言文的基本方法。学生学习文言文的兴趣很浓厚也给学习本课打下了坚实的基础。

### 四、教学目标

基于对本册教材的解读和学情分析，立足《义务教育语文课程标准（2022年版）》，设置了以下目标：

1. 知识与技能：掌握本课的生字新词，能联系上下文理解"善""之"等字的意思。

2. 过程与方法：可以正确、流利地朗读课文，说出故事的内容，并在理解的基础上背诵课文。

3. 情感态度与价值观：联系生活实际，感悟学习必须专心致志、不能三心二意的道理。

### 五、教学重难点

在文本教学中通过细读文中重点句子，引导学生借助注释、工具书、图片等方式理解课文内容，并帮助学生明白故事中蕴含的道理。在理解大意的基础上，进行指导朗读最后完成背诵。

### 六、教学准备

多媒体课件等资料

### 七、教学过程

(一) 故事分享创情境

1. 在中国的历史长河中有许多动人的故事，我们已经学过、读过不少了，今天老师想考考你们《孟母三迁》的故事，谁来和同学们分享一下？（PPT出示《孟母三迁》的图片）

2. 这个爱学习的孩子长大后成了一位了不起的人物，你们猜猜他是谁呢？对了，就是在中国历史上鼎鼎有名的孟子。今天我们就来学习一篇选自《孟子·告子上》的文言文《学弈》。

3. 这是一篇文言文的寓言故事，特点就是短小精悍，下面我们一起来走进课文，板书课题：学弈。

4. 齐读课题，谁知道"弈"字什么意思呢？题目又是什么意思呢？

【设计理念：对于孟子的生平许多同学感到很陌生，在学习中，为了更好地激发学生的学习兴趣，先通过讲述孟子小时候的故事，让他们找到学习本课的兴趣，通过问题的方式激发学生的课堂参与度。】

（二）疏通文意抓细节

1. 这篇文言文只有五句话，70个字，但却蕴含了深刻的道理，引人深思。下面请同学们先自主完成课文疏通，把有问题和不懂的地方做上标记。

2. 谁来读一读这篇文言文，注意在诵读过程中的停顿。

弈秋，通国之/善弈者也。使/弈秋/诲/二人弈，其一人/专心致志，惟/弈秋之为听；一人/虽听之，一心以为/有鸿鹄/将至，思/援弓缴/而射之。虽/与之/俱学，弗若之矣。为是/其智/弗若与？曰：非/然也。

（1）全班齐读，要求读出本文的停顿。

（2）完成课文疏通的同学进行小组合作探究：

任务要求：结合注释理解文中的字词句，了解文章大意，交流问题，小组解决不了的待会儿汇报全班交流。（5分钟）

3. 小组汇报交流内容。

【设计理念：文言文学习的突破口在于学生对文中的词句段的理解，弄明白了其中的意思有助于他们了解全文内容，更好地体会文章所表达的思想感情。在这个环节中，我设计了让学生通过先自主完成文本的学习，再通过小组合作解决自学过程中不明白的问题。边读边划出停顿，感受文言文的节奏，为后面学习内容扫清了障碍。】

（三）感知内容引思考

1. 答疑解惑品句段：通过前面的学习我们知道了《学弈》这篇文言文的主要内容，下面我们就来进行知识抢答，看看哪位同学答得既快又准确。

预设如下：

（1）是谁学弈？跟谁学？你是从文中哪句话知道的？

（2）请说说这句话的意思？

（3）你还在哪里见过"诲"，它是什么意思？

2. 品读"弈秋，通国之/善弈者也。"请大家说一说它的意思，并试着改写一下。如：王琰，全班之擅包粽子者也。

3. "弈秋，通国之/善弈者也"中的"之"是什么意思？在文中找一找还有哪些地方有"之"字。

（1）小组合作讨论：说说每一个"之"字的意思，看看哪些是相同的，哪些不同。（学生讨论过程教师巡视，并参与讨论，只听不发表看法，留意出现的问题）讨论完成后，小组推选代表全班汇报交流。

（2）教师小结，再次梳理课文内容，强化理解。

4. 请同学用自己的话说一说全文内容。

【设计理念：这个环节我利用知识竞答的方式，把学生学习的成果外显出来，这种竞答很好地激发了学生的参与热情，在游戏中不知不觉掌握了重难点词句段的理解。还通过改写句子，让学生把学到的知识巧妙地转化成对身边人的观察上，提高了学生对文言文的兴趣，在玩中学，在情境中激发学生思考力。】

**（四）感悟主旨谈感悟**

1. 在这样一个下棋高手的教导下，两个人是否都学到了老师的本领呢？两个人学习的结果是怎样的？请用文中的话回答。

2. 一个成功，一个失败。那为什么会有这样的结果呢？请同学们在课文中进行自主勾画：

要求：用"——"勾画第一个人学习时的句子，用"～～～"勾画表现第二个人学习时的句子，完成后请举手汇报。

（1）请结合课文图片看看两个人都在做什么。

（2）想象画面：专心致志的人在干什么？而三心二意的又会想些什么呢？

（3）看到这样的画面你有什么收获？请2~3名同学说说收获。你在今后的学习中要怎么做？

如：①无论做什么事情都要专心致志，只有这样才能获得成功。

②学习过程中我们不能三心二意，不然会一事无成……

3. 如果让你给第二个人写一句劝诫的话你会选择哪一句？

如：黑发不知勤学早，白首方悔读书迟……

4. 教师：请同学们带着自己的理解再次齐读课文。

5. 教师小结。

【设计理念：本环节是在梳理完课文基础上进行全文的分析：为什么同样受教于棋艺高超的弈秋，两人学习的结果却大不相同？让学生带着问题在文中找寻答案，并用原文回答。在勾画对比中学生更加体会到做事情不能三心二意，唯有专心致志才能学到真本领。我还设计了"如果让你给第二个人写一句劝诫的话你会选择哪一句？"让学生结合平时积累的古诗词、名言警句进行回答，对学生的语文素养进行了考查，让学生学会对语文知识进行积累。】

### （五）拓展延伸促成长

1. 通过今天的学习同学们回顾了学习文言文的方法，谁来总结一下学习文言文都有哪些方法呢？请同学回答并及时评价。

2. 同学们回答得都很棒，看来大家已经很好地掌握了学习文言文的方法，老师给你带来一则文言文，请大家用所学的方法说说它的大意。（PPT展示文言文）

#### 宋濂嗜学

余幼时即嗜学。家贫，无从致书以观，每假借于藏书之家，手自笔录，计日以还。天大寒，砚冰坚，手指不可屈伸，弗之怠。录毕，走送还之，不敢稍逾约。以是，人多以书假余，余因得遍观群书。

（1）先自主完成文本的通读，再小组讨论疏通大意。
（2）选代表汇报。

3. 教师总结本节课内容。

【设计理念：本环节是考查学生学习方法的迁移，我选取了《宋濂嗜学》一文，这则文言文无论是字数还是难度都符合学生的学情。教学中让学生根据学习《学弈》的方法，通过自主和小组合作完成练习，让学生把所学知识通过拓展阅读展示出来，以达到拓展延伸促成长的目的。还可以课下多提供几篇类似的文言文，让感兴趣的同学对所学方法进行再次的巩固复习，激发学生学习文言文的热情。】

# 探寻"声韵"之美　诗意解读语文

## ——以统编教材四年级下册第一单元课文《三月桃花水》为例

### 蚕丛路小学语文教研组　李继美

### 一、寻源头知来路

这篇课文在北师大版是四年级下册第二单元"春潮"第二篇画波浪线的自读课文，现在调整到统编版四年级下册第一单元第4课，并且是一篇带*号的略读课文。统编版教材对这篇课文的改编主要在内容的删减，删减之后的文章读起来更朗朗上口，富有节奏感。

### 二、新课标对中年级阅读的要求

1. 用普通话正确、流利、有感情地朗读课文。

2. 初步学会默读，做到不出声，不指读（原属第一学段要求）。学习略读，粗知文章大意。

3. 能联系上下文，理解词句的意思，体会课文中关键词句表达情意的作用。能借助字典、词典和生活积累，理解生词的意义。

4. 能初步把握文章的主要内容，体会文章表达的思想感情。能对课文中不理解的地方提出疑问。

5. 能复述叙事性作品的大意，初步感受作品中生动的形象和优美的语言，关心作品中人物的命运和喜怒哀乐，与他人交流自己的阅读感受。

6. 诵读优秀诗文，注意在诵读过程中体验情感，展开想象，领悟内容。

7. 在理解语句的过程中，体会句号与逗号的不同用法，了解冒号、引号的一般用法。

8. 积累课文中的优美词语、精彩句段，以及在课外阅读和生活中获得的语言材料。背诵优秀诗文50篇（段）。

9. 养成读书看报的习惯，收藏并与同学交流图书资料。课外阅读总量不少于40万字。（原10条，现9条）

### 三、统编版教材对"乡村生活"这一主题的编排

纵观部编版教材中的"乡村生活"类似文章的安排，可以发现整个小学阶段的关于"阅读"的语文要素呈由易到难，螺旋上升的梯度发展。

乡村生活其实可以看作是自然风景的一部分，现在的学生对乡村生活了解不多，特别是城市里长大的孩子。这一单元中《乡下人家》中的场景学生都觉得离自己很遥远，要学生从平凡的乡村生活中体会其中的乐趣并不容易，教学时应该指导学生进入文本情境中，想象作者眼中的画面，使其产生热爱和向往之情。

本单元的语文要素是"抓住关键语句，初步体会课文表达的思想感情。"其中的"初步"强调了教师教学时应把握好教学目标的度。教学的时候虽然三篇精读课文中的关键语句作了提示，但是关键语句并没有严格的限定，我们要明确能帮助学生理解主要内容、体会思想感情的语句，都可以是关键语句。教学的时候要尊重学生的阅读体验，在实践中逐步增进对关键语句的理解，走进文本的情感世界。

《三月桃花水》语言优美，教学时笔者注重发挥学生的主动性，感受课文生动优美的语言，积累语言，培养语感。

### 四、教材分析

**(一) 解题**

三月，正是春暖花开之月，暖风和煦，刘湛秋《三月桃花水》中细腻的文风就像春水那样，缓缓流动，让人沉醉其中。

这样的一篇美文，从北师大版到统编版，它有它存在的道理，在这样的文本面前，教师也可以是学生。教师在课堂上搭好情感的阶梯，顺着这梯子，同学生一起向上爬。

**(二) 解作者**

刘湛秋，1935年生，安徽芜湖人，当代著名诗人、翻译家、评论家，被誉为"抒情诗之王"。

**(三) 解读课文**

1. 课文结构及内容

(1) 课文结构

课文共7个自然段，可分为三个部分。1—2自然段为第一部分，描绘了

阳春三月，大地回暖，河流苏醒，桃花盛开的美丽画卷。3—6自然段为第二部分，写三月春水的声音和水中倒映的春景。7自然段是第三部分，抒发作者对桃花水的喜爱和赞美之情。

（2）课文内容

课文描绘了春回大地、万物复苏的生动画面，展现了乡村生机盎然的景象。本文有问有答，句式或重复，或押韵，读起来朗朗上口。三月桃花水是春天的乡村使者，全篇用了优美淡雅的语句，巧妙结合比喻、拟人、排比等手法，把浓浓的热爱自然之情渲染得淋漓尽致。

2. 编者意图

统编版小学语文四年级下册第一单元安排了一组以"乡村田园"为主题的课文。以语文科目的工具性和人文性来说，我们要读懂编者人文层面的意图，也就是让学生沉浸在文章中，感受到乡间生活的宁静、淳朴、美好。工具性层面就是用多种方法激发学生的多样化表达方式，积累优美的语言。

3. 学情分析

四年级的学生已经初步有了独立识字的能力。而且本篇文章是略读课文，学生可以通过自己的预学掌握会认的字、词。但是本课的词语中还是有一两个难以理解的也比较容易读错的，如：绮丽。还有本文需要掌握的多音字"和"，它的读音很多，要怎么区分才能运用也是本节课的重点。

四年级的学生已经有一定的阅读理解能力，这个阶段的学生感性思维能力很强，但是理性思维的能力还需要锻炼提升。这个班的学生是2019年组合起来的，班级学生的基础并不好，所以在教学的时候我会特别注意用读的方法让学生随文识字词，用各种读的方式让学生理解文章的感情。

4. 教学方法

以读促讲，以读代讲，采用范读、指名读、配乐读、赛读、引读、男女生对读、师生接龙读等方式，体味文字的美。给学生充分的自主学习空间，鼓励学生迁移运用学过的方法，在交流中达到教学目标。

这篇课文的语言很有特色，充满着浓浓的抒情味，特别是有些句子，值得我们细细品味。本文主要是让学生用前面精读课文学到的方法自学，检测学生学得怎样，所以教学设计的过程中要避免花费过多的时间品味词语和句子。

**（四）教学目标**

1. 知识与技能：认识"绮、谈"2个生字，读准多音字"和"。理解"桃花水、绮丽、应和、纤细、谈心"5个词语的意思。运用已学的方法，根据位置或特点找出课文的关键语句。

2. 过程与方法：正确、流利、有感情地朗读课文，体会语言的优美。

3. 情感态度价值观：体会作者对桃花水的喜爱和赞美之情。

**（五）教学重难点**

发现关键语句，体会作者的思想感情。

**（六）教学过程设计（片段展示）**

◆环节一：还学

1. 我尝试——自主学习

同桌交流学力单1~3题。

此环节对应的教学目标是：认识"绮、谈"2个生字，读准多音字"和"。理解"桃花水、绮丽、应和、纤细、谈心"5个词语的意思。运用已学的方法，根据位置或特点找出课文的关键语句。

◆环节二：引思

1. 我存疑——质疑揭题

这是一篇略读课文，请同学们读一读导读，说说你获得了哪些信息，可以怎样学习这篇文章？

预设：我知道了桃花水就是春水，这篇课文需要我们有感情地朗读，以读为主。

设计意图：写景文章的命题往往会落入俗套，而本文作者匠心独运，把"春水"比作"桃花水"，使之诗意盎然。用"桃花水"引出下面的内容，学生也会兴趣盎然。

2. 学法引路，自读自悟

教师：回顾这一单元的语文要素：抓住关键语句，初步体会课文表达的思想感情。课文中哪些关键语句让你感受到作者对桃花水的喜爱和赞美呢？

教师：和同桌分享，分享结束后整理自己的成果，分享给大家。

预设：课文的最后一自然段。"沉醉"就是"陶醉"，可以看出作者对春水的着迷。

"红莲"其实指的是姑娘们脸蛋的倒影，当捧起水的时候，脸蛋的倒影就散开了、碎了，就像红莲抖落了一片片花瓣。一个特别有画面感的词，把水中的倒影写得出神入化。

"三月的桃花水，是春天的竖琴。"这一句感受到春水声音的美，"三月的桃花水，是春天的明镜。"这一句体会到春水的洁净，表达了作者的喜爱和赞美之情。

……

【设计意图：激发学生学习动机，初读课文让学生从"景"慢慢转到"情"。渲染一种与文本一致的氛围，促进学生的情感与文本的情感融合，这也是中年级的学生创建自主课堂的支架。】

此环节对应的教学目标是：运用已学的方法，根据位置或特点找出课文的关键语句。

3. 小组合作，交流情感

教师：选择自己喜欢的段落多读几遍（范读、指名读、配乐读、赛读、引读、男女生对读、师生接龙读等方式），小组分享自己喜欢的句子，采用不同的方法读。

小组分享自己最喜欢的句子并说明理由。小组交流后选出代表进行合作展示。

【设计意图：小组合作学习充分尊重学生的个性化见解，把课堂交给学生，教师在一旁点拨、帮扶、激励学生。在自主合作研读中，学生抓动词，找颜色，辨方法，诵读句子，加深理解和感悟。】

此环节对应的教学目标是：正确、流利、有感情地朗读课文，体会语言的优美。

4. 还原景象，体味田园之美

教师：那忽大忽小的水声，还应和着什么鸣响？

那从雪地里传来的纤细低语，来自何处？

那碰着岸边石块的叮当声，还是谁发出来的？

用它看见……它看见……它看见……说一说你想象中的景象。

预设：乡村田野溪水叮咚的声音，油菜花遍地的景象，农民在田间忙碌播种，桃花水就在这景物之间流淌，看到春江水暖鸭先知，看见春雨贵如油，看见"留连戏蝶时时舞，自在娇莺恰恰啼"……

【设计意图：在感受课文描写的内容中产生感情。一篇散文就是一幅鲜活的画面，一段感人的旋律，一幅立体的场景。想象、体会、品读，让文字被"看见"。甚至让学生把省略号后面的内容进行补白，作者的留白就是为了让学生更好地想象。在恰当的语言训练中加深学生的感受，让课堂涌动春天的美好。】

此环节的教学目标对应的是：体会作者对桃花水的喜爱和赞美之情。

◆环节三：延学

迁移方法，拓展课外阅读，学习同作家的作品《雨的四季》。

教师：请同学们自主学习刘湛秋的《雨的四季》，出示学习要求，完成学习要求。

【设计意图：从课内走向课外，在比较中欣赏，增加学生的阅读量，加深学生的体验和理解，唤醒自身的审美需要，培养学生的整合、迁移能力，感受不同作家对春天的赞美之情。】

以上教学片段的展示从还时间给学生，让学生自主学习到自主探究引发学生的思考再到拓宽学生的阅读面，让这篇如此优美的散文充满诗意，让语文课回归本真，师生浸润在语文课堂中。最后发现，语文课的美就在书声琅琅里，语文课的美就在跳动的文字中。

# 《京剧体验与脸谱装饰》教学设计

蚕丛路小学艺术教研组  杨圆圆  刘  航

## 一、教学目标

1. 通过对京剧脸谱的了解与学习，认识不同脸谱色彩和与之对应的人物性格，激发学生对色彩的深度理解。
2. 根据不同人物性格，引导学生展开想象，利用超轻黏土装饰出独特的京剧脸谱。
3. 通过体验学习京剧基础亮相、台步，通过这节课加深对京剧的印象，进一步激发学生对京剧产生兴趣。

## 二、教学重难点

1. 初步感受京剧中男女亮相以及台步，能基本做出正确动作。
2. 通过认识不同脸谱的颜色与之对应的人物性格，能够装饰出独特的京剧脸谱。

## 三、教学准备

1. 教师准备：多媒体课件、京剧行当、京剧脸谱。
2. 学生准备：彩色超轻黏土、绘制好花纹的京剧脸谱。

## 四、设计思路

本节紧密围绕京剧脸谱、亮相、台步进行设计，通过"京剧博物馆"的情景导入，带领学生们走进京剧博物馆的三个馆，具体教学环节设计如下：

◆环节一

教师通过带领同学们走进京剧博物馆，激发学生学习兴趣，调动学生学习积极性，教师用京剧唱腔和学生互动，并在京剧声中进行杯子节奏练习。

◆环节二

引导学生回顾上节课的京剧行当，结合歌词，学生继续了解脸谱色彩与人物的性格关系。通过不同的京剧行当特点引导学生了解京剧演员不同的脸谱妆容。

◆环节三

引导学生通过视频了解京剧亮相与台步基本动作，教师示范动作，引导学生观察京剧中男女动作的特点。观看视频，体验京剧魅力，观察京剧中男女的不同动作。

◆环节四

通过回顾以前所学的美术知识，结合视频，让学生知道装饰脸谱的基本技法。

1. 联系京剧脸谱的人物性格及花纹特点，利用黏土引导学生进行自主艺术实践。

2. 引导学生根据脸谱颜色来简单唱脸谱。

3. 播放视频，让学生自行观察视频中京剧动作的特点和男女动作的不同。

4. 示范男女不同亮相动作，加深学生对京剧动作的印象并能简单模仿。

5. 观看视频，知道黏土的制作方法和步骤，利用不同颜色的黏土进行脸谱的装饰。了解京剧人物脸谱的性格特征。学生发挥想象，结合已学知识，对脸谱进行再次艺术加工。

6. 观察不同行当脸谱的同时，简单学唱脸谱。

7. 通过观察视频及教师示范动作的特点，能简单说出不同的特征。

8. 随着京剧《梨花颂》和《甘洒热血写春秋》做亮相以及简单的台步动作。

◆环节五

1. 通过创设情景，激励学生对京剧脸谱、表演动作产生展示欲望。

2. 提升学生对京剧的热爱，达到情感升华。

## 五、教学流程

（一）愿意学

1. 情境导入

教师用京剧唱腔和学生互动，并在京剧声中进行杯子节奏练习。

"激"的目的：让学生初步感受京剧独特韵味。

"激"的主体：教师。

"激"的方式：节奏导入。

2. 学生活动

结合常规练习，感受京剧韵味，对京剧初步产生兴趣，并进入情境。

"发"的方式：京剧唱腔独特的开场，结合京剧元素的杯子节奏。

"发"的预设效果：学生能够根据唱脸谱进行杯子舞练习，感受唱腔的节奏，产生兴趣，进入情境。

**（二）学会学**

"激"的目的：通过不同的京剧行当特点引导学生了解京剧演员不同的脸谱妆容。

"激"的主体：教师。

"激"的方式：口头评价。

1. 情境导入

（1）引导学生回顾上节课的京剧行当，结合歌词，学生继续了解脸谱色彩与人物的性格关系。

（2）引导学生通过视频了解京剧亮相与台步基本动作，教师示范动作，引导学生观察京剧中男女动作的特点。

（3）通过回顾以前所学的美术知识，结合视频，让学生知道装饰脸谱的基本技法。

（4）联系京剧脸谱的人物性格及花纹特点，利用黏土引导学生进行自主艺术实践。

（5）引导学生根据脸谱颜色来简单唱脸谱。

（6）播放视频，让学生自行观察视频中京剧动作的特点和男女动作的不同。

（7）示范男女不同亮相动作，加深学生对京剧动作的印象并能简单模仿。

"激"的目的：通过学习京剧行当中"净角"的脸谱纹饰，结合自己的想象，利用黏土对脸谱进行艺术加工，引出京剧人物的出场和亮相。

"激"的主体：教师与学生。

"激"的方式：观看视频、引导、评价和反馈。

2. 学生活动

（1）学生能够对脸谱装饰进行预设。

（2）利用美术色彩来诠释具有不同人物性格特征的脸谱艺术表达。

观看视频，体验京剧魅力，观察京剧中男女的不同动作。积极参与动作实践。

"发"的方式：走进京剧博物馆，了解京剧脸谱花纹，知道色彩与人物性格关系，并能展开自己的想象力主动思考，并积极发言。

"发"的预设效果：

①大部分学生能够准确地说出上节课所学的京剧行当，并能准确地分辨出不同人物性格特征所代表的脸谱种类，乐于探索和表达。

②在观察、实践的过程中自主探索京剧中的人物动作特征并能简单模仿。

③能观察出京剧中男女亮相动作的不同特征。

④观看视频，知道黏土的制作方法和步骤，利用不同颜色的黏土进行脸谱的装饰。

⑤了解京剧人物脸谱的性格特征。

⑥发挥想象，结合已学知识，对脸谱进行再次艺术加工。

⑦观察不同行当脸谱的同时，简单学唱脸谱。

⑧通过观察视频及教师示范动作的特点，能简单说出不同的特征。

⑨随着京剧《梨花颂》和《甘洒热血写春秋》做亮相以及简单的台步动作。

**（三）自能学**

1. 情境导入

（1）通过创设情景，激励学生对京剧脸谱、动作产生展示欲望。

（2）提升学生对京剧的热爱，达到情感升华。

"激"的目的：学生通过情境体验，加深对京剧学习的热爱，培养他们对传统文化的学习兴趣。

"激"的主体：教师与学生。

"激"的方式：展示、点评激励。

2. 学生活动

（1）能够利用美术色彩知识丰富更多人物戏曲脸谱。

（2）展示成果，学会自评、互评。

（3）对京剧有一定的赏析能力，对京剧文化有一定的了解和学习兴趣。

"发"的方式：经过观察、聆听、互动，通过实践完成京剧的综合性体验。

"发"的预设效果：学生在浓厚的氛围中展示自我，增强自信，了解京剧基础知识，传承中国传统文化，提升学生民族自豪感。

## 六、设计意图

1. 为了发扬博大精深的中国文化，京剧作为国粹，让孩子们拓宽视野。

2. 美术的学习能够利用有趣的黏土制作来贴脸谱，能够激发他们的课堂兴趣，能够锻炼他们的实践操作能力。

3. 音乐与美术的结合能够激发孩子们对课堂的新颖感，让戏剧和美术能够很好的融合。

## 七、教学反思

本节课在音乐（京剧亮相）、美术（脸谱装饰）的融合中结束了，其间有很多的遗憾，也有很多的收获。怎样让同学们体味京剧艺术的魅力？怎样提升他们对京剧艺术的鉴赏能力？怎样培养他们对国粹京剧的兴趣和热爱？如何让学生深入京剧的气氛当中去呢？这些都是笔者在后续上课中要思考的问题。

# 《星光恰恰恰》教学设计

蚕丛路小学音乐组　李晟婷

## 一、教学目标

1. 知识与技能：学生在课堂上自主拍击基础节奏×××，并在主课堂学会有感情地、正确地演唱歌曲。

2. 过程与方法：学生通过旋律线、图谱、肢体动作创编等方式加深对歌曲的理解，通过随堂测评了解音的高低。

3. 情感态度价值观：学生在拓课堂中了解北斗星的知识，分享生活中具有音高的物品，拓宽眼界，丰富想象力，热爱音乐。

## 二、教学重点

学生能够有感情地演唱歌曲，正确演唱歌曲中的音高。

## 三、教学难点

1. 学生能够正确演唱第三乐句中的最高音。
2. 学生能够正确拍打第四乐句的节奏。（×××）

## 四、预习作业

音阶练习，节奏练习。

## 五、教学流程

（一）情境导入，进入"舞会"

1. 教师导入课题《星光恰恰恰》，学生跟随教师读课题。（贴标题）

2. 学生观看课件，教师通过出示"舞会邀请函"，邀请学生加入舞会现场。

【设计意图：通过沉浸式的情境导入，激发学生学习的兴趣。角色的加入，增添了学习氛围，增加了学生的参与感，提高学生学习的动力。】

(二)"舞会"现场，新课学习

1. 引导学生完成"音乐楼梯"练声任务。

2. 引导学生拍击"×× ×""×××"节奏型，并代入《星光恰恰恰》音乐中合适的地方拍击节奏。

3. 学生初次聆听《星光恰恰恰》范唱，通过教师出示"星星图谱"，并用手画出星星轨迹。

4. 引导学生边聆听边用手画出旋律线，直观感受旋律的起伏。

5. 教师出示歌词卡和课件，引导学生分段地拍击歌曲的节奏和有节奏感地朗读歌词。

【设计意图：通过节奏练习，学生提前熟悉本课重点节奏。】

6. 教师运用钢琴引导学生自主演唱歌曲旋律和歌词。（演唱过程中可加入拍手节奏）

7. 分小组对歌词进行肢体动作创编，并完整表现歌曲。

【设计意图：图谱可以让学生更直观地感受旋律的变化，熟悉音高的不同；学生自主创编动作，发散思维，培养创新意识。】

(三)"舞会"小插曲，游戏环节

1. 学生聆听教师讲解游戏规则。

2. 学生分为四大组，教师分别完成四次随堂问题。（根据课堂临场表现来设置不同的对话）

3. 教师引导学生再次完整演唱歌曲并找出最低音。

【设计意图：游戏环节可以让学生更好地进行随堂测评，巩固本课音乐知识点，锻炼听辨能力。】

4. 通过歌曲最后一段旋律，引出拓展知识点——北斗星。

5. 教师简单讲解北斗星的含义。

6. 课堂联系生活，教师简介生活中可以发出不同音高的物品以及原理。（例如：瓶盖）

7. 邀请学生通过生活常识分享可以发出不同音高的物品。

8. 教师布置课后实践活动任务。

【设计意图：学生将音乐知识联系生活实际，可以锻炼学生学会观察、学会审美；并对学生本节课自主学习音的高低有一定的帮助。】

### （四）"舞会"结束

1. 教师对本堂课程进行总结归纳，结束快乐的音乐时光。
2. 引导学生在音乐声中有序退场。

【设计意图：学生的德育得到了进一步的提升，将本课课题与生活实际联系起来，师生之间可以更近距离接触和走心交流，将本课主题进行升华。】

## 六、教学反思

针对今天的这堂课，我从选题、构思设想、实践三方面进行反思。

### （一）选题

《星光恰恰恰》是人音版第一册第五课《静静的夜》中的表演曲目，根据教参中的教学目标是"用欢快的动作表演集体舞《星光恰恰恰》，体验欢快的情绪，增强身体动作的协调性"。我对于一年级下册歌曲的教学还比较陌生，在选曲方面偏向于节奏欢快，歌词内容既有规律又充满趣味性。

### （二）构思

我是以舞会为主题，激发儿童对学习与演唱的兴趣，让儿童在玩耍的过程中轻松愉快的获得知识。我校提出围绕学科要做到"一凸多融"，我根据音乐学科的核心素养将本次授课以小组合作进行歌曲的学习和舞蹈编创，充分激发儿童的创造力和想象力，让他们充分地感受音乐活动的快乐。

### （三）实践的不足和改进

1. 由于个人经验的不足，导致学生对于重点目标的掌握完成度不够。此次观看视频我需要在学生乐谱和歌词环节中，引导学生多种演唱形式（例如：单独抽取一部分学生演唱，教师进行重难点的纠正等）

2. 课堂中我对学生的评价还不精炼，语言组织和临场反应有待继续加强。对于此点我还需要多观摩其他教师的课程。

3. 在创编过程中有部分学生的活跃度还不够高，我可以用语言或其他方式进行引导。

最后，这堂课我要感谢音乐组的老师们为我提出的建议与意见，让我完成这课堂的内容与教学。由于我自身的能力和水平有限，此次教学中仍有环节和内容需要修改和优化。如：在教唱环节还是有些流程化，我还需多注意学生的现实情况。今后我将继续努力，不断提升自我的教学水平，从而真正实现以学定教、以学导教的境界。

# 《会跳舞的线条》教学设计

蚕丛路小学艺术教研组　刘怡蕾　肖　健

授课学科：音乐＋美术
授课教材：人民美术出版社《会变的线条》
授课模式："2＋N"授课模式
授课班级：二年级一班

## 一、教学目标

1. 学会倾听，能够感受音乐旋律、节奏的律动起伏，激活学生视觉听觉感官的联通，了解并认识到艺术之间的共同的表现力。

2. 能用绘画形式大胆、自由地表现自己听歌曲的感觉，并能用简单的话语表达内心的感受。

3. 在学习活动中体验综合性学习的兴趣和激情，感受音乐与美术的联系，重视自我感受的表现。

## 二、教学重难点

1. 重点：对听觉有了初步了解，感受音乐的不同，能运用不同线条和色彩进行综合表现。

2. 难点：把无形的声音通过绘画的表现进行有形化并简单描述作品含义。

## 三、教学准备

1. 教师准备：多媒体课件、乐器、卡纸、音乐播放器
2. 学生准备：彩笔、A4纸、勾线笔

## 四、教学流程

### （一）愿意学

1. 教师活动

情境导入，引出学习主题。

2. 学生活动

学会聆听，进入情境。

【设计意图：让全部学生能够主动聆听，进入情境。】

### （二）学会学

1. 教师活动

（1）引导学生聆听音乐，分析节奏、旋律、强弱等音乐要素。

（2）根据音乐要素用美术语言来表达自己对音乐的理解和感受。

2. 学生活动

（1）学生能够听辨出不同情绪的音乐，并做出简单律动。

（2）利用美术基础语言表达自己对音乐的感受和理解。

【设计意图：让大部分学生能够通过聆听音乐的不同特点来表达自己的感受，并能简单找出音乐、美术的共性，乐于探索和表达。】

### （三）深度学

1. 教师活动

◆活动一

（1）引导学生聆听不同情绪的音乐片段，探究音乐律动，认知音乐的旋律线。

（2）引导学生体验音乐要素中的强弱，音的高低变化，感受不同的音乐情绪。

（3）引导学生主动参与课堂活动。

◆活动二

（1）聆听不同情绪的音乐片段，用美术的语言来表达。

（2）引导学生用不同的线条描绘自己对音乐的感知。

（3）引导学生了解不同的线条，为后面自己创作作品做铺垫。

2. 学生活动

◆活动一

（1）用肢体表达对音乐的理解。

（2）知道音乐的基本要素。

（3）用自己的语言能够表达对音乐的感受。

（4）看得懂旋律线，了解音乐的旋律走向。

◆活动二

（1）观看教师示范绘制线条视频。

（2）认知不同的线条。

（3）描述线条和音乐的旋律线的异同。

（4）自己实践，结合所学把自己对音乐的理解落实在画笔上，并能说出自己作画的理由。

【设计意图：学生能通过"分段—整体"的音乐探究活动过程，能够较为准确地用线条和肢体律动表达出自己所听到音乐的感受。】

(四) 自能学

1. 教师活动

（1）组织展示、评价。

（2）利用童话故事情境进行评价。

2. 学生活动

（1）尝试用美术的方式表达音乐。

（2）展示成果，学会自评、互评。

（3）提高艺术感知能力。

【设计意图：把无形的声音通过绘画的表现进行有形化并简单描述作品含义。】

### 五、板书设计

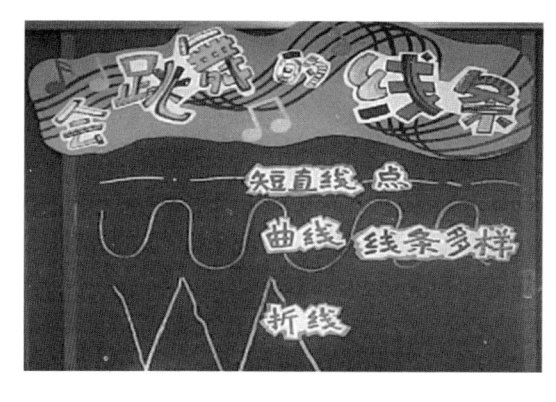

# 《Scratch 神奇魔法——小猫百米跑》教学设计

蚕丛路小学综合教研组　黄　欢

## 一、教学内容

《Scratch 神奇魔法——小猫百米跑》选自四川教育出版社《信息科技》三年级上册会玩图形化编程第 2 节内容。在单元中是承上启下的作用，前面一节课学习了图形化编程基本操作方法，在本节以百米跑为主题，展开运动类积木学习，控制角色的移动，帮助"运动员"小猫完成百米赛跑的愿望。

## 二、学情分析

在学习本课之前，学生已经学习并掌握鼠标的基本操作方法，并且已经认识 Scratch 软件的界面和学习打开已有程序的操作方法，了解 Scratch 积木的拖动、删除和拼接方法，知道帽子积木是脚本搭建最开始的积木。程序的逻辑思维分析还没有涉及。同时，在本节内容还将涉及坐标知识，而三年级的学生还没有学习坐标知识，结合学生已有知识量和认识水平发展特点，本节课将采用直观观察法来突破这个难点。

## 三、教学目标

### （一）A 类目标：基础性、阶梯性目标

1. 会应用移动积木：移动 10 步、移到 x: 0 y: 0 或 在 1 秒内滑行到 x: 0 y: 0 控制角色移动。
2. 会应用不同帽子积木，作为不同脚本的开始信号。
3. 完成小猫百米跑程序搭建。

### （二）B 类目标：核心目标

教学过程中，学生通过自主探索、小组合作、教师引导的方式，在仔细观察、积极思考、认真实践探索的过程中，逻辑思维能力得到提高，计算机思维养成，解决问题的意识得到培养和解决问题的能力得到提高。

## （三）C 类目标：附属性、延伸性目标

发现问题、分析问题后积极去寻找解决问题的方法，会贯穿整个教学过程，学生在学习知识、探究新知的快乐学习中，发现问题—分析问题—解决问题的能力将得到培养和提高，为学生以后勇于面对学习和生活中的困难，有信心解决困难打下积极而坚实的基础，为学生以后可以更好的生活做铺垫。在形成问题解决方案的过程中，会产生一系列思维活动，这是学生计算思维、逻辑思维得到锻炼的过程，慢慢地学生的思考力将得到提高。

## 四、教学重难点

1. 教学重点：认识并区别三类移动积木及其异同；灵活应用所学知识，搭建小猫百米跑程序。

2. 教学难点：三类移动积木与小猫角色位置的联系；编程思维及信息技术素养中计算思维的养成。

## 五、教学准备

1. 软件：课件、安装有 Scratch3.0 软件的学生机。
2. 素材：小猫移动.sb3、小猫百米跑.sb3、"奥运百米赛跑"视频。
以下是课例具体教学过程。

## 六、教学过程

### （一）激趣导入，激发欲望

教师：现场演示三个身边同学制作的小程序，并介绍这三个程序的由来。

学生：倾听、观看。（通过观看小程序和老师介绍对 Scratch 编程产生兴趣和想要学习的欲望）

【设计意图：通过观看身边同学制作的小程序，了解 Scratch 是专为儿童开发的编程软件，拉近学生与 Scratch 编程软件的距离，增强学生编程信心。同时，通过欣赏程序作品，激发学生编程兴趣。】

### （二）学习新知，获得技能

1. 小猫从 A 点移动到 B 点

教师：小猫要参加百米跑，首先需要会什么呢？

学生：会移动。（结合学习生活经验作答）

教师：那怎么样才能让小猫会移动呢？

实践探究：用自主探索、小组交流的方式，寻找可以让小猫从 A 点移动到 B 点的积木。教师巡视指导。

分享交流：请 1~2 名同学，分享自己的发现。教师设定学生计算机为演示模式，向全班同学演示操作过程。

学生分享：边操作边介绍，找到的可以让小猫角色移动的 3 个积木，其他同学观察在运用这三个积木让小猫移动的时候，分别有什么发现？

教师引导生总结："移动 10 步"是移动一段距离（10 步），"移动 x： y： ""在 1 秒内滑行到 x： y： "是移动到指定位置，前者是"瞬移"效果，后者是滑行效果。

2. 控制小猫自动回到 A 点

教师：同学们，刚刚的演示中，每一次小猫都是怎么回到 A 点的呢？

学生：鼠标拖动回去。

教师：如果我们能够给小猫搭建一个脚本，控制小猫自动回到 A 点就好啦！

教师引导学生观察，发现小猫位置变化可以用"移动 xy"类积木控制，并演示操作方法。

实践探究：应用"移动 xy"类积木完成控制小猫回到 A 点脚本搭建。

【设计意图：学生通过思考、分析、探索实践，将自己的想法通过实践的方式来验证，不仅学习积极性更高，主人翁意识强，而且自主学习能力得到锻炼，同时通过自己实践探索获得的知识技能，更能促进学生对知识技能的掌握和保持学习积极性。】

（三）技能应用，小猫百米跑

1. 观看奥运百米赛，了解百米赛规则

教师：小猫学会了移动，接下来就要开始百米跑啦！首先，观看奥运百米赛视频，了解百米赛规则。

| | 环节 | （模拟）信号 | 位置 |
|---|---|---|---|
| 小猫百米跑 | 准备 | "请运动员准备" | 起点线 移动 x: 0 y: 0 |
| | 跑 | 枪声 | 终点线后 移动 10 步 |

2. 完善小猫百米跑脚本搭建

教师引导学生分析视频中运动员位置变化，对比小猫完成百米跑，也要在准备环节时候回到起点线，跑环节，从起点冲向终点，引导学生思考如何使用第二环节所学积木来搭建此脚本。

实践操作：调试小猫百米跑脚本搭建。小组为单位，完成快的同学，指导同组还没有完成的同学。

【设计意图：从学生生活中的案例展开教学，更加能激发学生的学习欲望和兴趣，把课堂与实际生活联系起来。同时，此部分也是本课的重难点部分，培养学生计算思维。主要采用学生观察发现，教师引导辅助的教学方法。学生通过观察分析生活中运动员百米赛过程，引发思考：如何才能控制小猫也完成百米跑？在表格对比分析和程序搭建的过程中，体会"模拟信号"的意义及其应用，为学生以后学习人工智能、编程等相关知识做铺垫。】

（四）分享展示，总结展望

教师：接下来，请我们的所有小猫运动员都来一场百米赛吧。

学生：完善程序后，通过"裁判"口令，控制自己的小猫完成百米赛。比一比哪一位运动员跑得最快，分享自己的程序编写过程中的收获和解决的问题的思路，以及创新创意部分。

教师：生命在于运动，拥有健康的身体，才有美好的未来！期待在学校运动场上见到你们的身影。

【设计意图：通过自己的努力，最后完成程序设计，这是学生的劳动成果，使用自己设计的程序，完成一场百米赛，无非是对学生最好的鼓励，更加激励学生以后的学习。】

# 教学论文

## 小学数学"预·主·拓"课堂模式实践研究
### ——以综合实践课《密铺》为例

蚕丛路小学数学组　左　芸　许　晨

### 一、现实背景

#### （一）现状分析

随着 21 世纪教学变革步伐的日益深入，更多新颖的教学方法应用于实际的课堂教学中，以前不被人关注的教学方法也表现出了其符合时代新发展的优势，其中综合实践课程的教学方式特别明显，通过项目化课程在小学数学课程中的运用，有效培育了孩子的核心能力，提升数学素养。

目前一线教学中的"综合与实践"数学课程活动并不能完全满足培养学生核心素养的要求，其中主要存在以下几点问题：

社会现有教育状态较为"功利"，从对学生的"考核标准"出发，综合实践课不被绝大多数人重视。部分教师对核心素养与"综合与实践"的内涵和联系认识不到位、教师的能力不足以满足"综合与实践"所规定的教学目标。

相较于其他数学教学领域，综合实践课的相关政策支撑较少、硬件配备欠缺、教学活动缺乏多维度的反馈与建议；同时课时量的安排也不足以让教师有充分的空间来进行"综合实践"。

#### （二）课程设置

小学数学学科综合实践课的内容比较综合化、多元化。比如：全新的知识点"搭配中的学问"、无知识点但需要设计完整实验流程保证严谨性的"滴水实验"、综合运用已学数学知识解决生活中问题的"寻找身体上的数学秘密"、把数学和其他学科知识联系起来解决实际问题的"小小设计师",当然也有本课探讨美术中的数学"密铺"。

例如本课程就是通过"密铺"这一教学内容,将数学"图形与几何"方面的基本理论知识,和在日常生活中的具体运用经验相结合,进而开发他们的综合运用知识技能、改变他们传统的认知方法,从发现问题、探究问题和解决问题的活动中体会数学方法、数学思维,发现数学规律,形成解决问题的策略,最终达成本节课的教学目标,真正将"学数学"变为"用数学"。

## 二、确定目标,导向素养

《义务教育数学课程标准(2022年版)》指出数学课程应使学生通过数学的学习,形成和发展面向未来社会和个人发展所需要的核心素养。学生不仅要获得"四基",还要发展"四能"。由此,确定本课以核心素养为导向的教学目标,如下:

A级目标:体会什么是密铺,了解哪些图形可以密铺,初步了解图形能够密铺的道理。

B级目标:经历观察、猜测、验证、推理、交流的活动过程,培养学生发现问题、提出问题、分析问题、解决问题的能力,积累研究问题的活动经验。

C级目标:

1. 在欣赏密铺图案等活动中,学生初步体验数学内部知识之间、数学与生活、数学与其他学科之间的联系,发展学生的应用意识。

2. 通过合作学习、动手实践,感受学习数学的乐趣,发展学生的合作意识。

教学重点:通过实验探究、讨论交流,归纳总结能密铺的平面图形,发现密铺的条件。

教学难点:图形密铺的道理。

## 三、实施路径

### (一)设计体现结构化特征的教学过程

我们正积极探索在预课堂中,培养学生的预学习惯,提高独立学习能力;

在主课堂中，培养学生通过合作探究的学习方式训练高阶思维能力；在拓课堂中，学生将所学知识延伸到生活，创新学习、实践应用。根据课程内容，我们将本课分为两个课时完成，借助我校开发的"预课堂、主课堂、拓课堂"教学模式，应用郑大明等老师提出的"四学"学习方式——自学、互学、群学、共学推进教学过程，发展学力，实现教学目标。

1. "预"课堂：预思考，知学情

"预课堂"是充满好奇心和求知欲的、独立学习为主的课堂；结构化的教学设计，要符合学生的认知规律，所以在课前对学生进行了前测，充分了解学生已有知识的经验状态，确定哪些图形可以密铺及图形能密铺的原因为核心问题，组合图形的密铺为补充问题。同时给学生提供《密铺》实践探究单，让学生独立思考后的想法有序呈现，这样的预课堂有助于帮助学生理解、掌握数学的基础知识和基本技能。

在第一课时，教师充分利用预学单，让学生经历发现问题—提出问题—解决问题的自学过程，确定活动任务，并引导学生对方案进行"互学"思考，经历小组讨论、交流的过程，积累设计方案的活动经验，教学设计如下：

【活动任务】哪些平面图形可以单独密铺？

【设计方案】

（1）获得研究课题"密铺"，获知"密铺"是什么？

（2）通过小组通过网络查找资料，获得"密铺"的定义："无缝隙、不重叠地连成一片，就是密铺。"

（3）讨论研究内容：研究哪些图形的密铺有价值？

（4）通过观察周围环境以及大胆推理，基本可知正方形、长方形可以密铺，圆形不能密铺。接下来可以探究三角形、四边形、五边形等直边图形。

（5）小组讨论，确定分工。

（6）深入探究原因：密铺的原理是什么？

【动手实验】

小组内组员使用探究单进行三角形、四边形的逐一操作探究；有余力的组员继续探究五边形、六边形，并思考部分图形密铺的原因。

2. "主"课堂：共对话，促理解

"主课堂"是激励民主的、对话建构为主的课堂。

借助课前的"预学单"，学生确定研究任务后，通过小组分工，自主动手操作，验证哪些平面图形可以进行密铺，独立思考后重回课堂进行小组"互学"，再全班"群学"，围绕核心问题进行讨论。

第二课时的教学环节如下：

【小组讨论】

（1）分类归纳图形能否密铺：通过对三角形的有序分类（按角、按边）、对四边形的有序分类（两组平行边、一组平行边、无平行边），得到任意三角形、四边形均能密铺的结论。

（2）合情推理、大胆猜测密铺的原因。

【群学】

（3）探究三角形能否密铺

既然三角形按角分又可分为锐角三角形、直边三角形和钝角三角形，于是我们就依次展开了探究，最后我们得到了结论：三角形都可以密铺。这一问题的解决是验证猜想的关键。学生独立思考想法比较单一，因此这里采取小组合作学生在合作中学习与人交流，通过交流，学生可以用自己的语言清楚地解释这一问题，同时也提高了自己的语言表达能力。

（4）探究四边形能否密铺

四边形包括了正方形、长方形、平行四边形、梯形、一般四边形。经过动手操作或推理演绎，证明它们都可以密铺。全班分享达成共识，特别是对一般四边形花更多的时间和精力来操作实验和讨论交流，最终由学生自己验证了各种图形能否密铺的结论。通过总结归纳，培养学生归纳总结能力。

【共学】

（5）初步观察，找寻特点

依次观察三角形、四边形围成的密铺，找到共同点。

学生发现拼接点，图形在拼接点处围成了一圈也就是围成了360°。

（6）深入思考，探究本质

借助问题引导，启迪学生思考：四边形四个内角和拼接点处的四个角有何关系，并结合内角和的已有经验，发现三角形和四边形能密铺的原因。

（7）转变思维，灵活运用

设计"取角"和"补角"的游戏，对比观察，发现两种铺法的不同点，让学生明晰四边形密铺时拼接点处四个角只要不重复就必然可以密铺，再次巩固图形能密铺的原因。

(8) 拓展延伸，发散思维

探究正五边形。出示正五边形，先验证是否可以密铺，再探讨正五边形不能密铺的问题，并进一步思索如何让正五边形可以进行密铺，学生可想到一变形二组合密铺。

3. "拓"课堂：拓思维，会应用

"拓课堂"是弥漫解决问题、综合实践为主的课堂。拓课堂既可以是课时内的拓展部分，也可以是课时外的延伸。

该课中，老师介绍了建筑中、日常生活中、大自然中的密铺，学生体会数学和日常生活之间的联系，并赏析了荷兰画家埃舍尔的经典作品，体会用数学的眼光观察，用数学的专业知识领会藏在作品中的奥秘，同时设计小小设计师作业，希望同学们像埃舍尔一样，去发现美、创造美丽的世界。

(二) 建立激励学生学习和改进教学的评价过程

评价不仅要关注学生数学学习结果，还要关注学生数学学习过程，激励学生学习，改进教师教学。因此在本课的最后，设计自我评价环节，学生谈收获，说成长，评价和反思本次活动自我表现。意在通过本次的综合实践活动，引领学生出发，进一步激发学生参与数学活动的兴趣。并帮助学生积累一些基本的数学活动经验，养成全面回顾的习惯，培养自我反思、全面概括的习惯。

"密铺"作为"综合实践"模块的内容是第一次出现在修订后的北师大版教材中，是一个实践性、探索性和趣味性很强的典型素材。在"育人"目标下，努力挖掘教育内容的实用价值、理性价值、发展价值；充分借助"四学"过程，培养学生独立思考和合作学习的能力，在整个"四学"过程中，教师的等待是激发思考和控制课堂很好的策略。学习方式是操作、思考、观察、交流交替进行，课堂评价是多元的，鼓励学生自主发现、提出问题，发展问题意识，培养学生"逐步学会用数学的眼光观察现实世界，会用数学的思维思考现实世界，会用数学的语言表达现实世界。"

# 数学思想方法结构化促学生深度学习
## ——"双减"背景下行之有效的教学策略

蚕丛路小学数学组　罗　斐

## 一、研究背景

### （一）国家相关指示

《义务教育数学课程标准（2021年版）》指出："数学课程培养学生的抽象思维和推理能力，培养学生的创新意识和实践能力，促进学生在情感态度与价值观等方面发展。经历观察，实验，猜测，计算，推理验证等活动过程。"这些都在提醒当代教师要注重落实核心素养，渗透数学思想方法，而利用数学思想方法结构化知识就能合理实现课标的要求。

7月24日，中共中央办公厅、国务院办公厅发布《关于进一步减轻义务教育阶段学生作业负担和校外培训负担的意见》（以下称该文件为"双减"），随之落实"双减"成为全国各中小学的当务之急。在政策指引下，我们必须提升课堂效率、提高教学效果。

### （二）当代教师之惑

要提高教学效果与课堂效率，我们以促进学生深度学习为方向。数学思想方法是发展学生深度学习的一味药引。如何在数学课堂上讲透数学思想方法仍然是现代数学老师的痛点。老师们并不是不知道数学思想方法的重要性，他们的困难是不知如何在一堂课上扎扎实实地落实这一目的。因此，本文将以如何利用数学思想结构化知识为主题进行展开。

## 二、概念界定

### （一）数学思想方法

"如果将数学知识与技能比作砂石与砖，那数学的思想方法无疑就是金刚与水泥。"数学思想是指现实世界的空间形式和数量关系反映到人的意识之中，经过思维活动而产生的一种结果。它是数学中处理问题的基本观点，是对数学基础知识与基本方法本质的概括，是创造性地发展数学的指导方针。数学方法是指人们为了达到某种目的而采取的手段、途径和行为方式中所包含的可操作的规则或模式。人们通常将数学思想和方法看成一个整体概念——数学思想方法。

（二）结构化

结构化教学就是根据儿童的学习特点，有组织、有系统地安排教学环境、材料及程序，让儿童从中学习。结构化课程起初是针对孤独症儿童的思想、学习和行为特点，通过评估儿童、订立目标、制定教学计划和训练计划以及具体设计和推行教学训练活动等系统的规划，来训练和教育孤独症以及有同类沟通障碍的儿童。现在，已在普通学校逐步实行结构化教学。

（三）深度学习

刘月霞、郭华在《深度学习》一书中讲道："深度学习就是指在教师引领下，学生围绕着具体挑战性的学习主题，全身心积极参与体验成功获得发展的有意义的学习过程，在这个过程中学生掌握学科的核心知识，理解学习的过程，把握学科的本质及思想方法，形成积极的内在学习动机，高级的社会性情感，积极的态度，正确的价值观，既未成为既具有独立性，批判性，创造性，又有合作精神基础扎实的优秀的学习者，成为未来利于社会历史实践的主人。"深度学习是大势所趋，培养学生核心素养、培养优秀的学习者，都需要学生学会深度学习。

### 三、运用数学思想结构化知识，促进深度学习的策略

数学思想方法是构建知识结构化一条重要的纽带。我们在平时数学课堂教学中如何建立知识之间的联系，优化学生认知结构，进而促进学生在深度学习中发展核心素养呢？具体应注重以下内容的落实：

（一）触及心灵——学生情况清晰化

对于大多数小学生来说，他们的思维处于具体运算阶段，具体运算阶段的思维一般还离不开具体事物的支持，而且这些运算还是零散的，还不能组成一个结构的整体、一个完整的系统。以五年级学生情况为例：

1. 学习的特点。小学高年级学生已初步形成一定的学习态度，随着自

主、自律能力的增强，进一步提高了对学习、对集体的责任感，同时逐渐形成了对作业的自觉负责的态度，开始认识到学习是一种义务，出现了意识较强的内部学习动机，逐渐弱化外部学习动机的追求。

2. 认知的发展。在注意方面，学生的有意注意逐步发展并占主导地位，注意的集中性、稳定性、广度、分配、转移等方面都较低年级学生有不同程度的发展。在记忆方面，有意记忆逐步发展并占主导地位，抽象记忆有所发展，但具体形象记忆的作用仍非常明显。在思维方面，学生逐步学会分出概念中本质与非本质、主要与次要的内容，学会掌握初步的科学定义，学会独立进行逻辑论证，但他们的思维活动仍然具有很大成分的具体形象色彩。在想象方面，学生想象的有意性迅速增长并逐渐符合客观现实，同时创造性成分日益增多。

3. 个性的发展。渐渐摆脱对外部控制的依赖，逐渐形成了内化的行为准则作为监督、调节、控制自己行为的依据，而且开始从对自己表面行为的认识、评价转向对自己内部品质的更深入评价。在意志方面，自觉性、果断性、自制性、坚持性有一定发展，但不显著。

理解学生真实情况，无论从数学还是生活上，都能触及学生心灵，这样，我们才有底气进行接下来的数学专业知识的理解与剖析，从而在数学专业的角度触及学生心灵。

**（二）瞻前顾后——知识内容结构化**

小学数学教学中，为获得预期的深度化教学目标，应从知识的本质属性出发，把知识内容进行合理设计，将新旧知识有机地串联起来。通过回顾旧知唤醒在学生大脑中已有的知识经验，为新知识的学习做好铺垫。同时，通过回顾旧知识能降低学生对新知的陌生感，帮助其构建系统的知识网络，加深其对数学知识的结构化认识，使其更加清晰地在头脑中存储。

在解读教材时，教师要洞悉每一个知识点的本源与导向，了解数学思想方法与知识点的"前世""今生"与"来世"。例如教学《比较图形的面积》一课中，此前学生初步认识了长方形、正方形、三角形、平行四边形和梯形，学习了面积与面积单位及长方形、正方形的面积等有关知识，初步感受到解决图形面积问题的思维方式，即用单位面积去度量一个图形的面积，在此基础上，本单元探索图形面积的计算方式，解决图形和组成图形要素之间的数量关系，为以后平行四边形、三角形、梯形的面积计算方法及简单组合图形的面积计算做铺垫。

正是有了这种瞻前顾后的结构化设计，使得新知的产生不是"无根之水、无本之木"。而认识图形、面积，比较面积的方法，则是本节课的复习奠基。而从已有的计算面积和比较面积的方法，进一步探索经验中让今天的内容就变得顺理成章，一切都是自然的，毫无牵强附会。

**（三）左顾右盼——数学思想方法结构化知识**

1. 厘清该数学思想方法在不同数学知识领域中的运用。如此分析有助于教师能站在数学思想方法的角度去观察知识间的内在联系。以"转化"的数学思想为例，无论是"数与代数""图形与几何"还是"综合应用"，"转化"的数学思想无处不在。

2. 运用数学思想关联性调整课堂。例如，教学五年级上册的《三角形的面积》一课时，对本课进行了课堂前测，测试问题："由于平行四边形面积公式推导的顺向迁移，当遇到求三角形的面积时，你想到了哪些探究方法？把你的想法用图或用文字表示出来。"前测显示有90.5%的学生自主想到的是利用"剪拼法"来进行转化，其中有85.3%的学生想到利用特殊的等腰三角形来进行转化进而研究。由此可知，"剪拼"这种转化思想对学生产生了顺向正迁移，因此在课堂教学时，并不急着让学生经历"倍拼三角形"的过程，而是要先经历用"剪拼"的方法去探究，从而体验到"剪拼"法对于一般的三角形进行转化是不方便且不易理解的，从而激发学生思考、创造其他方法解问题的意愿，再经历"倍拼"的过程，做如此调整，不仅有助于学生利用数学思想方法将点状的知识结构连接起来，更使学生的数学思想方法有了结构生长的途径，思维水平向深度化迈进。

**（四）抽丝剥茧——抽取出本知识的数学思想方法**

每一节知识都有其蕴含的数学思想，我们要通过教材本身，结合教参，对教材进行深度解析，层层剖析出知识本质及它所蕴藏的数学思想方法。

以北师大版五年级上册《比较多边形的面积》为例，通过反复嚼读教材、教参，我们不难发现，本课主要是学生体验"猜想与验证"这一思考过程——猜想：图形之间面积的大小关系与联系，验证：把复杂的、不易比较与测量的通过数方格、重叠法、割补法等方法"转化"成易比较的，进而发现其内在规律，充分渗透着"转化"的数学思想。由此本节课我们将以"猜想与验证"作为学生的思考过程，以"转化"作为其主要的数学思想方法来开展教学，把知识进行结构化。

(五) 重塑课堂——以数学思想串目标

对于本节课的研究，我们从深入了解本类知识的前后联系，以数学思想横向、纵向进行结构化，现在就以《比较图形的面积》为例，重塑教学设计，构建以思想贯穿整节课的数学课堂，用问题触及学生心灵深处，用数学思想加深学生对于知识本质的深度理解，从而实现高质高效的数学课堂学习。

1. 创设关联情境，诱其发现问题。要实现学生的深度学习，首先应注重创设关联性情境活动，引导学生自主发现问题，层层递进，逐渐深入，使其更好地巩固所学，做到融会贯通。对于本课，首先创设生活情境：比较数学书、语文书的大小。以此情境，激发学生已有知识经验，为比较多边形面积的基本方法做铺垫。借机由实物过渡到方格纸中简单图形的判断，再出示主题图，引导学生发现问题：各图形面积大小有什么关系？

2. 大胆猜想，理性解决问题。根据已有知识经验，大胆猜想，分析问题：

（1）通过怎样的直观操作可以找出两个面积相等的图形？

（2）通过怎样的直观操作能找到两个面积之和等于第三个图形？

（3）通过怎样的直观操作可找到一个图形的面积等于另一个形状不同的图形面积？

3. 应用数学思想方法解决问题。通过同学们的猜想，在实践验证过程中，学生小组合作探究问题解决的办法，自主利用数格子、重叠法、割补法（出入相补）等各种方法将图形之间进行"等积转化"。

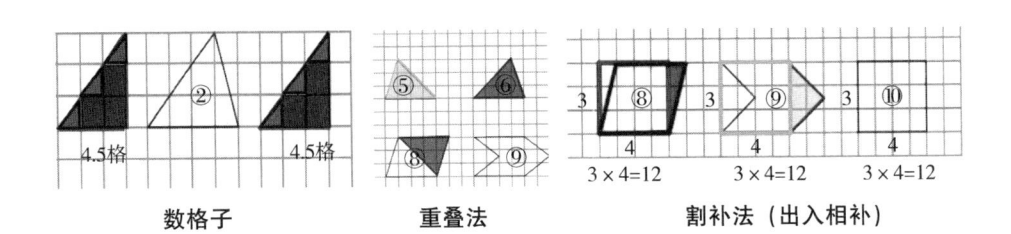

4. 设计梯度式变式练习题组。"精准教学，有效练习"一直是我们必须在"双减"政策下要完成的目标。为实现"精准教学，有效练习"，并巩固和运用数学思想方法，我们需设置针对性的训练。本环节共设置五道练习题，采用的是教材第 50 页的练习题。1—3 题配合问题串，让学生再次经历判断图形面积大小的过程。这三道题能进一步地巩固本节课所学的基本方法。第四道题是在方格纸中画出三个面积是 12 平方厘米的不同图形，同时引导学生尽量多画出不同的图形，这能培养学生在面积不变的情况下，形状可以是不同的辩证思想。第五道题是剪一剪，给出 A、B、C 三个图形，通过对 A 图形的裁剪、拼接成 B、C 图形。这是拓展题，让学生尝试解决，不作统一要求。这样多形式、有梯度的练习题，使学生既巩固了学习的内容，又体现了不同的人在数学上得到不同的发展这一课程新理念。

5. 总结全课，深化数学思想方法对知识点结构化。像这样以有效情境作为学生学习的前情奠基，一针见血提出关键问题，学生大胆猜想，通过动手操作、小心验证，理性分析问题，抽出数学思想深度解决问题，设计有层次且有针对性的习题，学生进行有效练习之后，所有的数学思想方法已然清晰化，最后以数学思想方法构架整堂课，通过建构这样的思考方式与上课模型，不只培养和提升了学生的学习能力，也潜移默化地培养了学生的核心素养。

本文主要以"瞻前顾后"连知识，"左顾右盼"串思想，"抽丝剥茧"显内核，重整课堂塑模型，来例证在"双减"背景下利用数学思想方法结构化知识是行之有效的。要想提高课堂效率与教学效果，笔者认为，不能"管中窥豹"，要站在一个单元、一个板块、整个小学教材体系甚至全数学教材体系的角度，以数学思想方法去思考、去整体建构。这也是实现要培养学生核心素养的必经之路。

这就是笔者认为的"大格局"观念，不单以知识去讲知识，不止以方法来说方法，应站在数学思想的角度把知识结构化，就像数学家斯蒂恩说的那样："我们应当把数学看作是一门具有结构性质的科学"。综上所述，数学思想结构化知识，既是落实"双减"政策的有效途径，也是响应新课改教学要求的必然选择。

# 小学生"量感"发展现状与培养策略研究

蚕丛路小学数学组　应冰琪

量感专指对物体的大小、多少、轻重、松紧、快慢、厚薄、粗细等量态的感觉。在小学阶段，量感主要是指学生对长度、面积、体积、时间、质量、货币等的感性认识。同时这种感性认识应该是一种直觉或是对其的敏感感知，是在实际情境中主动、自觉地理解并运用的态度与意识。

由此可知，"量感"的培养不仅仅是小学数学核心素养的要求，还是数学与生活实际紧密联系的见证之一，即：在数学教学中"量感"的培养是极其重要的。

## 一、"量感"的发展现状

虽然在数学教学中"量感"的培养极其重要，但现如今小学生的"量感"发展还存在很多的问题，当中主要体现在"量"的理解应用浅薄、"量"的沟通联系薄弱、"量"的组织架构缺失三方面。

### （一）"量"的理解应用浅薄

现今的"量感"内容教学因教师的不重视，导致学生只知对应的计量单位名称、简写、大小以及进率，但是对每一计量单位的含义、具体大小极其不熟悉。

例如：学生知晓长度单位厘米、米、毫米、分米、千米，也知晓每一单位的进率，即：毫米和厘米之间的进率是10、厘米和分米之间的进率是10、分米和米之间的进率是10、米和千米之间的进率是1000，也知晓厘米、米、毫米、分米、千米均是表示长度的单位。但是问及学生1毫米大约有多长、1厘米大约有多长、1分米大约有多长、1米大约有多长时便呈现出不解状态，不能比较准确地形容（语言形容和肢体动作均可）出其具体长短。

### （二）"量"的沟通联系薄弱

进行教材解读后教师会根据教材（以下均以北师大数学教材为例）进行

教学活动设计，在教学环节中让学生获得间接经验——1毫米大约是一枚1角硬币的厚度、1厘米大约是一个大拇指指甲的宽度、1分米大约是一拃的长度、1米大约是张开双臂后左手到右手距离的长度，了解到长度单位的含义以及每一基本单位的具体大小。

这样的教学流程的设计一定程度上弥补了学生只知进率不知意义的问题，但大多教师在教学过程中仍然缺失不同长度单位间的联系与迁移。

例如：大多学生在涉及对较长长度的理解上便出现困难，1毫米、1厘米、1分米、1米这样的较小的长度学生均可利用自身条件建立想象或认知，了解其具体长度，但如若缺失不同长度单位的累积、迁移的过程，学生在认识100米或是1千米时便无法在脑中形成表征，无法想象出100米或是1千米究竟有多长。

（三）"量"的组织架构缺失

在计量单位的学习过程中，各个计量单位并不是完全割裂开的。但为了降低学生学习计量单位的难度，编写教材时便将计量单位进行了分散编排，将计量单位的学习分散到了不同学段、不同数学板块（数与代数、图形与几何）。

然而部分教师仅跟随教材编写进行教学而缺乏整体观，缺少对计量单位的自我统整与架构，从而导致学生在学习计量单位时亦是分散割裂的。

例如：对长度单位的学习分散在二年级上册和下册，二年级上册主要内容为认识统一长度计量单位的必要性、认识厘米、认识米，二年级下册主要内容为认识分米、认识毫米、认识千米。在完成二年级下册基本长度单位（毫米、厘米、分米、米、千米）的教学后，教师未进行5个基本长度单位的统整，导致学生只知进率不知当中的具体关系表现。

同时，二年级长度单位的学习对三年级下册要学习的面积单位、五年级下册要学习的体积（容积）单位有着非常重要的奠基作用，长度—面积—体积是一维空间到二维空间再到三维空间的逐步架构。但因部分教师的割裂教学，为让学生进行三类计量单位的建联，导致其对一维、二维、三维的认知浅薄，只知其逐个单位间的进率是10（长度）、100（面积）、1000（体积/容积），但不知其所以然。

## 二、"量感"的培养策略

针对上述学生展现出的"量感"发展过程中的系列问题，发现这系列问题的产生大多来自与教师的不充分的分析教材、不完整的解读教材、不系统的架构教材。故而针对此，对教师的"量感"教学提出培养具体策略：多维体验，建立感知；定量迁移，递进感知；优化架构，整体感知。

### （一）多维体验，建立感知

小学生思维正处于具象到抽象的过渡阶段，而"量"本身属于较为抽象的知识。同时对"量"的学习少不了对计量单位的学习，然而"量"与计量单位在生活中既有比较直观的"量"，如长度、人民币等，也有比较抽象的"量"，如质量、时间等。

那么要让小学生这样更偏向于具象思维的群体来说建立对"量"的感知，就更需要依托于现实生活或现实情境，在教学环节中设置大量的活动，让学生从实际出发进行感知，对抽象的"量"的概念有自身的直接经验感知。

在二年级下册学习时间单位——时、分、秒的数学内容时，首先在第一课《奥运开幕》中让学生了解到时、分、秒在钟表表面上的体现、三个时间单位之间的关系（进率是60），同时结合钟表表面的观察和一年级下册学习的整时半时知识进行钟表非整时半时的时间读数。此时的数学知识还仅是停留在拓展时间单位的认识、时间单位间进率的认知层面。

进入第二课《1分有多长》时便有了对时间长短的感知，即"量感"的发展了。在这一课里先是通过淘气的话"秒针最长，走得最快，走1小格是1秒"让学生了解到"秒"是常见的时间单位中最短的时间单位。

此时若仅让学生作为一句需要了解的话去理解，那学生的"量感"将无法得到培养。此处的"1秒"之短可以引导学生去感受，如在班上尝试让学生用正常语速报数1001、1002、1003、1004……每次报数的时间大约为1秒，以此让学生感受到1秒的时间大约只够读出4个数字。

随后的教学活动便是认识"分"。教材在设计之初便已有了"1分能做什么？"的教学活动设计，当中涉及到让学生尝试1分可以拍多少下皮球、可以写多少遍自己的名字、有多少下心跳，教师还可设计1分可以跳多少下绳等活动，让学生在活动中感受"1分"有多长。

让学生在生活中大量存在的活动中去感知到时间单位的长短，以此建立学生对时间这一"量"的感知。

### （二）定量迁移，递进感知

在小计量的学习时，尚可通过学生自身的活动经验或自我感知获得对"量"的多维认识，但涉及较大的计量单位时学生的认识便常常遇到困难。因为较大的计量单位往往意味着无法让学生在课堂上或是生活中进行直接体验。

如：毫米、厘米、分米、米可以让学生在自身或是借助物体、场所进行认识，但千米却无法借助物体让学生直观地进行感受；秒、分可以在课堂中让学生亲自感受1秒、1分，却无法让学生直接感受到1小时有多长；克、千克可以借助具体物品的重量帮助学生建立认识，但吨却无法让学生直接感受到其重量等。

面对如此的困境，教师就需要借助定量迁移来解决。即引导学生对基本度量单位定量刻画，用发展的眼光迁移学习，让知识形成一个整体，从而逐步感受到度量的内涵。

在三年级下册学习质量单位——克、千克、吨的数学内容时，第一课《有多重》便率先引导学生感知1千克有多重、1克有多重，在随后的第二课《1吨有多重》的学习中才引入了"吨"的认识，无疑是因为"吨"这一计量单位难以感知，这就需要教师在进行教学设计时加入不同质量单位间的迁移转化。

在进行1千克和1克的感知时，除了课本中的"4个苹果大约是1千克""16个鸡蛋大约是1千克""1枚2分硬币约重1克""3个曲别针约重1克"的量化，还可适当加入千克与克的比较和迁移转化。如1枚2分硬币约重1克——1枚1元硬币约重10克——2枚鸡蛋约重100克，由此借由鸡蛋将"2枚鸡蛋约重100克"和"16个鸡蛋大约是1千克"进行联系，感受到鸡蛋作为"克"的累积成为"千克"的过程；又或是4个苹果大约是1千克即1000克——2个苹果大约是500克——1个苹果大约是250克，由此借由苹果个数的减少作为"千克"拆分成为"克"的过程。

而在学习第二课《1吨有多重》时，也同样不必急于介绍1吨有多重，学生经由上一课已感知到1千克的重量，在本节课让学生感受10千克的重量、30千克的重量、50千克的重量、100千克的重量，以此作为"千克"这一质量单位的累积，让学生逐步感知到100千克的大致重量，由此将1000千克（1吨）作为100千克的10倍来理解，如此相对于1千克的1000倍便更容易在学生的认知范围中得到理解和内化。

让学生通过小计量的计量单位的累积去理解内化大计量的计量单位，从而感知到大计量的质量单位的轻重，以此递进学生对质量这一"量"的感知。

**（三）优化架构，整体感知**

同一类的计量单位可以进行定量迁移，帮助学生更好地通过小计量的计量单位的累积去理解内化大计量的计量单位，不同类的计量单位同样也可通过优化架构帮助学生进行某系列计量单位的整体感知。

如长度单位、面积单位、体积单位。

教材对计量单位的分散编排是不可避免的，这就需要教师用整体、联系的眼光看待各个计量单位。

例如在学习长度单位、面积单位、体积单位的进程中，在面积的学习告一段落准备进行整理与复习时便可将三类计量单位进行架构。

长度单位是属于一维的计量单位，是为了测量物体横向或纵向单一方向长短的计量单位；面积单位是属于二维的计量单位，是为了测量物体横向及纵向两个方向作用后的表面大小的计量单位；体积单位是属于三维的计量单位，是为了测量物体横向、纵向、高度三个方向作用后的体积大小的计量单位。即长度到面积到体积是维度的不断加1。

若教师在进行教学时将此三类计量单位进行架构，帮助学生联系起看似无关实际有关的长宽高，那么其实就是给了学生更多生活经验和知识经验的积累和发展空间，为后续的进一步学习降低了难度，尤其是有助于学生了解长度单位、面积单位、体积单位的进率依次为10、100、1000的本质原因。

发展学生的"量感"不仅可以促进学生空间观念、时间观念、金钱观念的培养，还可以一定程度上发展和拓深学生的思维，同时提升学生解决问题的能力。故而，发展学生"量感"势不容缓，同时亦是任重而道远的艰巨任务。

# 情境教学法让科学课"活"起来

蚕丛路小学综合教研组　周　彤

## 一、研究现状

### （一）教师方面

教师在上课的时候更多的注重教学目标的达成，并没有充分发挥学生的主体作用，教师运用各种教学手段试图吸引学生的注意力，试图将课本中的知识教给学生，并没有与学生有足够的互动。很多时候，更像教师在课堂上"唱独角戏"，而"观众"也就是我们的学生也并不能"全情投入"，这样的科学课堂显得有点"死气沉沉"，并没有"活"起来。

### （二）学生方面

就教学组织纪律方面来说，学生不能被有趣的课堂吸引后就做其他的事情，而教师不断地"干预"其实不断打断了正在认真参与的大多数学生，从而破坏了课堂的整体氛围。就学生特点来说小学低年级学生虽然喜欢科学课，但是在科学课上由于其心理特征和年龄特点等原因，使得学生注意力集中时间较短，在课堂上不能很好地集中注意力思考问题，也不能很有耐心地倾听别人的表达，也不能很好地在别人的表达中继续思考，使自己得到成长。

因此，基于这个现状，根据教育改革的要求，需要研究出更加有趣的课堂教学，激发孩子的学习兴趣，吸引孩子的注意力，而且这样的高效课堂也非常有利于低年级的课堂组织管理。根据一年级孩子还处于形象思维阶段，具有好奇心，喜欢听故事的特点，因此，我将情境教学法应用于科学教学中，让学生在创设好的情境中，思考问题，学习知识，取得了较好的结果。

## 二、情境教学法

情境教学法是指在教学过程中，教师有目的地引入或创设具有一定情绪色彩的、以形象为主体的生动具体的场景，以引起学生一定的态度体验，从而帮助学生理解教材，并使学生的心理机能能得到发展的教学方法。情境教学法的核心在于激发学生的情感。将情境教学法运用在教学过程中时，教师有目的地引入或创设具有一定情绪色彩的、以形象为主体的生动具体的场景，以引起学生一定的态度体验，从而帮助学生理解教材，并使学生的心理机能能得到发展的教学方法，多运用于语文、英语等教学中。

### 三、情境教学法科学课堂中的应用

主要分为以下几个环节：

1. 创设情境。在备课的时候，根据本节课的教学内容，紧扣教学目标、教学重难点，结合学生特点，如认知水平、年龄特征、心理特点等等，创设一个符合学生、紧扣教材的故事情境。

案例一：在教科版一年级下册第一单元第 2 节《谁轻谁重》一节内容中，创设情境《小公主和她的生日礼物》：小公主每年生日都会收到妈妈送给她的生日礼物，当她 7 岁生日这天，有个巫婆因为嫉妒小公主每年都可以幸福地过生日，于是就找了一些假的礼物和真正的礼物混在了一起，使得小公主难以分辨，这时，有一只聪明的小鸟飞过来告诉小公主一个秘密，那就是只有最重的礼物才是真正的礼物。

案例二：在教科版一年级下册第一单元第 3 节《认识物体的形状》一节内容中创设情境《糖果王国的故事》：有个小孩子不小心到了糖果王国，所有的东西都是糖果做的。糖果王国的国王提醒小朋友不能吃太多糖果，会长蛀牙的，但是如果他愿意分享糖果给家人和朋友们，国王答应可以送小朋友满满一方盒糖果，糖果王国的仓库里什么形状的糖果都有。

案例三：在教科版一年级下册第一单元第 4 节《给物体分类》创设情境《蚂蚁王国真奇妙》（详细版）：有个一年级的小朋友叫瑶瑶，她是一个善于观察的女孩，只是有个小缺点，就是乱放东西，常常找不到自己的东西，而急得满头大汗。有一天放学后，她蹲下身系鞋带的时候，发现了墙角的蚂蚁，正在排着整齐的队伍往洞里走，她很好奇蚂蚁洞里到底是什么样新奇的世界，直到她睡觉的时候，还在想着蚂蚁的事儿。当晚瑶瑶睡着之后，她梦见自己变成了一只很小的蚂蚁，每只蚂蚁都拿着一块糖，整整齐齐进了蚂蚁洞，"哇！蚂蚁王国真宽敞呀！好漂亮呀！"她看见宽敞的大厅前面有一条长长的走廊，在走廊的两边，有很多整齐的房间，每一间房间前都有一个数字。她搬着糖有点儿累了，很想赶紧放下来，去漂亮的房间玩一玩。就在这时，走在最前面的蚂蚁队长说："亲爱的蚂蚁战士们，加油，放糖的仓库马上就到了。"瑶瑶就继续坚持往前走，发现又有一个更长的走廊，走廊的左边摆放着一张张整整齐齐的桌椅，走廊的右边是一个个的小房间，圆圆的门，每个门上都挂着一个方方的牌子，上面写着"饼干仓库""水果仓库""巧克力仓库""糖仓库"……队长打开了"糖仓库"的门，蚂蚁都排着队，把一块块糖搬进仓库，并且放得整整齐齐。

2. 进入情境。在教学过程中用绘声绘色的语言、身临其境的音频、生动有趣的视频、色彩丰富的图片等等，带领学生进入创设好的情境，而且这些素材也可以使PPT内容更加丰富生动。

3. 巧设问题。在学生进入情境之后，会有一些设置好的问题抛给学生，由学生思考、讨论、发言、质疑、反思、总结等等。这些问题是教师在备课的阶段结合教学目标、教学重难点、教学设计、教学流程、学生情况等等设计的。以问题驱动为导向，由学生来推动整个教学环节的流程。这是探索"生本课堂"的具体体现，是实现我校"幸福教育理念"的有效途径，也是贯彻落实科学课程改革的重要举措。

案例一：在教科版一年级下册第一单元第2节《谁轻谁重》一节内容中创设的情境《小公主和她的生日礼物》中设置问题：亲爱的小朋友们，这时，小公主请你帮帮她，请问，你会怎么帮助她呢？

案例二：在教科版一年级下册第一单元第3节《认识物体的形状》一节内容中创设的情境《糖果王国的故事》中设置问题：亲爱的小朋友们，如果你就是这个小朋友，你打算装什么形状的糖果？会怎么装呢？

案例三：在教科版一年级下册第一单元第4节《给物体分类》一节内容中创设的情境《蚂蚁王国真奇妙》中设置问题：亲爱的小朋友们，你们喜欢这样的蚂蚁王国吗？你知道蚂蚁王国为什么这么不一样吗？

4. 引导应用。将学习内容中的重点、难点，以及需要应用的知识点，在创设的情境中由学生自己整理、总结后，再引导学生应用到生活中。这个环节的主要目的是不仅让学生掌握知识后，而且更重要的是要学会应用，在应用的过程中，将知识内化为自己的知识，并且有自己的思考和感悟，帮助孩子成长。

## 四、情境教学法在科学教学中应用的几点优势

### (一) 吸引学生注意力

几乎每个小学生都有爱听故事的本能，因此，将情境教学法应用在科学课中，学生上课的纪律非常好，几乎所有的小朋友都在认真听讲，偶尔有个别学生开小差，稍微提醒一下即可，很少需要维持课堂纪律。省下来的课堂时间将更多用于拓展学生的科学知识、培养学生的科学思维等方面。

### (二) 学生参与度高、范围广

在情境中提出问题，学生因为已经进入了所创设的情境中，有种"身临其境"的感觉，因此，当抛出问题之后，学生仿佛打开了想象和思维的大门一样，能够更加主动地思考问题，也更加愿意寻找问题的答案，也就会有一些创造性、创新性的答案"油然而生"，整个科学课堂就"活"起来了。这一环节也是培养学生各个能力的关键时期，教师一定要好好把握。比如：思考能力、思维能力、想象能力、创造能力、创新能力、倾听能力、语言组织和表达能力等等。

### (三) 学生更加容易学会、学懂、会用

由于情境的创设，让学生觉得上课非常有意思，觉得自己一整节课都正在"经历"一个故事，学生就在故事中无意识地、自然而然地掌握了教学内容，学生也变得更加喜欢科学课了，激发了学生主动学习的热情，培养了学生认真思考、解决问题的能力等等。当我过了一周再请学生回顾知识时发现，他们已经记住了故事，究其原因是因为他们喜欢听故事，因此，在记住故事的同时，他们也牢牢记住了所要掌握的知识，并且能很好地在生活中加以应用。

### (四) 更加有利于学科融合

现在越来越注重各学科的融合，目的是更好地培养学生的综合能力。我校美术教师在绘本研究过程中，将我创设的情境故事采纳，制成了"科学绘本"，不难想象，这将使学生觉得学习科学是一件多么容易懂而且有意思的事情啊。科学与美术的融合只是起步，一直以来，我校就非常重视各学科的融合，去年已经引进 STEAM 教育，目的就是想让学科融合的强大推力更加有助于学生综合能力的成长。

情境教学法适用于每一节科学课，但是充分结合小孩子的特点，巧妙创

设情境、设置问题，就好像打开了学生思考、想象、创造的大门，才能让科学课真正地"活"起来，让学生的思维"活"起来，让学生的成长"活"起来。而在这个过程中，我也真正体会到了学生思维碰撞、进步成长的快乐，对于我个人而言，也得到了不少发展。总而言之，教育科研是教师成长、教师自我发展和自我实现的有效途径，是实现教育创新的必由之路。教育科研让科学课"活"起来，学生的科学素养的得到提高，也让基础教育课程改革真正落到实处。正因为如此，教育科研才是我们教师必须要坚持一直做下去的重要工作。

# 巧制农具模型　演绎农耕文明
## ——融合劳动教育的小学综合实践活动案例

蚕丛路小学综合教研组　贺　鑫　李鹏源

## 一、活动背景

### （一）政策背景

《义务教育劳动课程标准（2022年版）》中指出，劳动教育是中国特色社会主义教育制度的重要内容，是全面发展教育体系的重要组成部分，对全面贯彻党的教育方针、落实立德树人根本任务、培养德智体美劳全面发展的社会主义建设者和接班人具有重要意义。2017年教育部发布《中小学综合实践活动课程指导纲要》，综合实践活动是从学生的真实生活和发展需要出发，从生活情境中发现问题，转化为活动主题，通过探究、服务、制作、体验等方式，培养学生综合素质的跨学科实践性课程。显然，综合实践活动是落实劳动教育的重要载体。

### （二）学校背景

我校作为新建立不久的城市小学，秉承幸福教育的理念，旨在培养身心健康、和谐幸福的现代小公民，在实施"五育并举"的教育理念中，注重对各学段学生围绕劳动意识的启蒙。我校的劳动教育课程进行了较为系统化的建设，利用社会、学校、家庭多方资源，开发以基础课、探究课、拓展课为框架的三大层次课程，围绕科技、编程、制作、种植养殖、社会实践、志愿者等多个主题，利用劳动课、选修课、校队训练等课程形式，向学生进行自然、科技、社会等领域诸多现实问题的介绍，启发学生自主探究、自主选择研究方向，鼓励学生独自或以小组合作的形式，开展多层次、多领域的实践活动。

### （三）学情背景

课程教学对象为二年级到六年级的科学校队的孩子，他们基本为城市学生，在日常生活中并没有见过或体验过农耕生活，更是对我国的农耕工具及农耕文明知之甚少。但是校队的孩子有参与学校植物园种植活动，认识锄头和铲子两类基础农耕工具；参与过科创小制作活动，具有一定的实践操作能力和模型搭建能力。求知欲强，也充满好奇，对于利用快递垃圾制作农耕工具，具体化展现出农耕文明发展的活动具有极大的兴趣，热情高涨。但他们均未接受过完整的模型制作训练，也没有完整的农耕文明发展观念，从学生自身发展上来看，农耕模型制作对学生个性的发展、需求的满足、素质的培养有重要作用。

## 二、活动目标

基本观念：

1. 熟悉不同时代的劳动工具，知道不同劳动工具具有的特点。

2. 能按照时间顺序对劳动工具进行分类，知道技术与工程的发展对科学发展有促进作用。

逻辑思维：

能观察不同农具的构成要素，通过口述、画图等方式对农具结构进行拆分，能用二维方式表达三维空间的物体。

探究实践：

1. 能采用一定的技术、工艺与方法完成农具模型制作，强化基本的动手能力。

2. 能融合不同的学科知识解决遇到的问题。

3. 能用不同的方式（如小论文、图片集等）呈现实践过程与结果。

态度责任：

1. 乐于合作与交流，善于通过小组合作，共同解决问题。

2. 感受中国博大精深的农耕文化。

## 三、实施途径

学校秉承"幸福教育"的办学追求，从"基础性""拓展性"和"探究性"三大维度，开发常规课、选修课、特色专业课三大层次课程，本次活动属于我校特色专业课程范畴，课程时间为周一至周五下午最后两节，时长90分钟。参与年级：二至六年级，共20名学生，分别是：二年级4名、三年级4名、四年级3名、五年级3名、六年级6名。配备专门的实验室活动场地，及相关器具。

## 四、活动框架

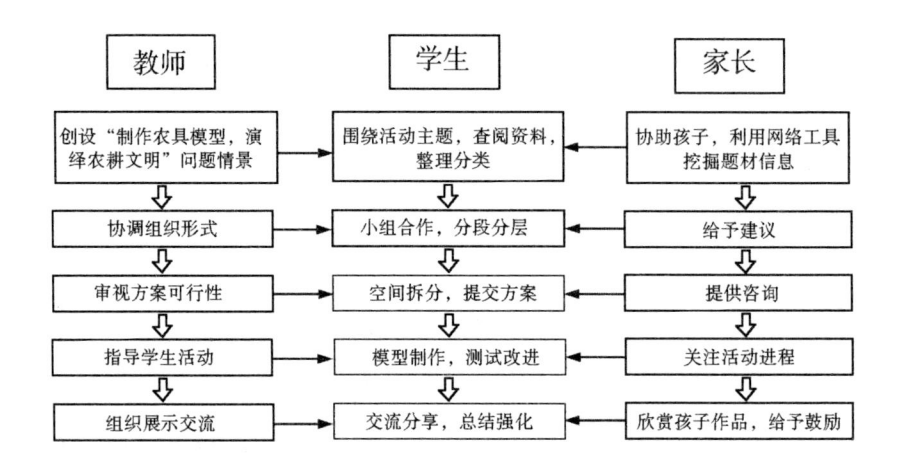

```
教师                      学生                      家长

创设"制作农具模型，演  →  围绕活动主题，查阅资料， ←  协助孩子，利用网络工具
绎农耕文明"问题情景       整理分类                     挖掘题材信息
    ↓                        ↓                         ↓
协调组织形式            →  小组合作，分段分层        ←  给予建议
    ↓                        ↓                         ↓
审视方案可行性          →  空间拆分，提交方案        ←  提供咨询
    ↓                        ↓                         ↓
指导学生活动            →  模型制作，测试改进        ←  关注活动进程
    ↓                        ↓                         ↓
组织展示交流            →  交流分享，总结强化        ←  欣赏孩子作品，给予鼓励
```

## 五、主要内容

我们充分利用专业特色课程这一优势资源，让孩子们能通过固定的课程，由浅入深地开展模型制作，亲历科学探究，学会方法技艺，培养工程思维，强化科学实践，提升创新能力，强化劳动情感体验，满足学生多方面的发展需要。

### （一）认知先行，了解农具与农耕文明的密切关系

在校园种植活动过程中发现，学生对农耕工具了解较少，对农耕文明的认知更是有限，学生通过查阅资料，依照农事劳作流程，整理农事所需工具，按照功能对其进行归纳分类，同时将工具依据制作难易程度，分给不同学段的学习小组，孩子们以小组为单位，合作学习，挖掘农具背后的文明故事，记录农具的起源传承，将学习到的知识整理记录。同时，为顺利进行模型制作活动，学生巧选制作材料，将家庭快递包装垃圾回收利用，在学习农耕文明，制作农具模型的基础上，从生活取材，参与到资源回收，绿色化生活方式的行动中。

### （二）亲历实践，掌握模型制作要点

查阅了丰富的资料后，学生根据农具发展的时间线及种类分别确定了自己要制作的农具模型，并开始实践。实践部分主要包括了结构拆分、绘图设计、模型制作及改进三个部分。

1. 结构拆分

大多数学生对农具的认识较为浅薄，对于每种农具的组成部分更是知之甚少。因此，为了达到制作农具模型的目的，首先要对农具的组成结构进行拆解分析。特别是对于一些结构较复杂的农具，在没有实物的情况下，学生仅靠几张图片很难分析出其结构。这时教师就要引导学生从三维立体角度对其进行拆分，确保不遗漏任何一个部分，以为后期设计、制作奠定基础，这无形之中也培养了学生的空间想象能力。

2. 绘图设计

绘图设计这一环节主要是为了让学生能够对农具及其组成部分有更加深入的了解，也为后期的制作环节做铺垫。在这一环节中，学生需要在收集到的硬纸板上把所需要的每一个农具结构画出来，可以简画，但需要主要尺寸大小及各部分的比例。每个小组绘制完毕之后，教师要鼓励小组成员之间互相交流分享，以对各自的设计图进行修改和完善。

3. 模型制作及改进

学生经历了结构拆分、绘图设计之后，就进入到了真正的制作环节。首先，学生需要使用刻刀、剪刀等工具将设计图中的每个结构剪下来，这就需要教师不断强调工具使用的规则及安全性，以免出现意外。在这之后，学生利用胶枪将每个部分连接，农具模型就初步形成了。当然，在制作的过程中，学生一定还会发现某些地方需要调整，这其实也是一个反思-改进的过程。

在以上的三个过程中，学生在动手操作方面体验了从立体到平面再到立体的过程，从农具发展史角度也体验到了农具的发展与变迁。

（三）一起分享，体验劳动成果的快乐时刻

1. 交流分享

学生按照小组分组进行模型制作，一件件精美的劳动模型，是学生辛勤劳动之后的回报，在制作过程中，学生通过绘制图纸、搜集材料、制作拼接等步骤，从而将书本上的知识成功运用于实践中，并使学生的想象力、意志力和实际操作能力得到培养，使学生亲身体会到劳动和创造的快乐，从而增强学生的自信心。最让孩子们开心的是，分层小组活动的方式，让孩子们能在自己能力相匹配的程度上，与小伙伴一起完成模型的拼接制作，小组间一起交流、分享所制作的农具，在欢声笑语中了解一件件农具背后的历史故事，认识历史人物，以轻松愉快的方式，学习农耕文明。

### 2. 多元评价

本次校本课程内容丰富，实践性强，时间跨度长，为了让学生的学习兴趣更加浓厚，也为了后期对课程内容进行改进和丰富，我们在课前、课中、课后展开了多元化、全面化的评价。课前，我们把融合劳动教育的综合实践目标明确罗列出来，例如学科融合能力、动手操作能力、对劳动工具的认识等方面，学生可以对照这一评价量表对自身情况有更加深入的了解，也能够明确参与这一课程的意义所在。课中我们不断渗透过程性评价，例如工具使用是否规范、合作意识是否强烈、劳动能力是否提升等方面，方式有自评、互评、师评等方式，目的在于不断督促学生积极实践、不断反思。课后也有总结性评价，精神奖励和物质奖励也让学生感受到这一过程自己的成长是巨大的。

## 六、总结与思考

"巧制农具模型，演绎农耕文明"校本课程的开展与实施，得到了师生的一致好评。孩子们在这门课程中，再一次深入了解了常规课本中无法学到的"劳动精神"，主动劳动、热爱劳动、珍惜劳动成果的意识也进一步加强，还能够综合运用多种知识解决复杂问题，掌握了多种综合实践的技能，这些都是常规的课程无法代替的。我们的校本课程在未来还将继续开展下去，为了让这门课的"劳动性""综合性"更加突出，也为了给学生带来更好的学习生活体验，我们将从以下几方面进行思考和完善：

### （一）融合劳动教育的小学综合实践活动教学模式灵活化

本次校本课程主要采用的教学模式结构性较强，可能无法适用于多种主题及多样性的学情。为此，在未来的教学中，我们可以根据不同的教学主题、学生情况，进一步细化教师活动和学生活动，形成多样化的、细致化的、灵活度较高的教学模式。例如，在方案设计阶段，对于低段的学生，绘制标准的设计图可能难度较大，我们可以引导学生用文字、用语言、用简图的方式进行设计。对于高段的学生，我们除了引导其绘制平面设计图，还可帮助他们绘制立体设计图，以提高设计图的完整性、美观性；在一些社会科学议题中，我们可以加入师生课前调查、访问的阶段，以为后期课程的实施提供更加丰富的素材及依据。总之，教学模式的多样化，能够让教学更加灵活也更加有效，师生的综合素养也能更快得到提升。

### (二) 融合劳动教育的小学综合实践活动教学主题多样化

在选择主题的过程中，我们要考虑到主题应当符合学生的学情，也要最大限度地激发学生的学习兴趣，这样才能保证后续课程的有效开展。本次课程选择了学生较为陌生的"农具"主题，因为不熟悉，所以学生的积极性、好奇心都很强，助推了课程的开展。在未来的教学中，我们可以拓宽选择范围，针对不同的学生选择更多样化的主题，也可以从课本话题延伸到社会生活，例如学生关注的"航天""垃圾分类"等，都可以进行融合劳动教育的小学综合实践活动教学。主题的多样化，能够不断激发学生的学习兴趣及学习主动性，也能够加强教育与生活的密切联系，让学生能够像科学家一样思考，解决更多实际问题。

### (三) 融合劳动教育的小学综合实践活动教学理念常态化

本次劳动教育理念下的综合实践活动以校本课程的形成呈现。在未来的教学与研究中，我们更加希望教师能把这种教学理念常态化。作为科学教师，我们不必生硬将这些理念体现在教学的每个环节，而是要有劳动意识、综合实践的意识，能够根据课堂的实际需求，将这些理念常态化渗透在课堂中，要让这种融合的思路外显，不断强化学生运用学科融合的方式处理复杂问题的能力。当然，除了在科学课中要有这些意识，我们也希望把这些理念融入其他学科中进行教学研究，例如在数学课、美术课、信息技术课中，都可以融合劳动、综合实践的理念，从而让课程更高效，也更贴近生活。融合劳动教育的小学综合实践活动教学理念常态化能够越来越弱化学科之间的界限，这使得学生的学习不再刻板，学习兴趣更高，教师的教学思路也更加宽广，也能不断提升教学自信。

# 基于 6E 教学模式的小学 STEM 课程设计与实施

## ——以"企鹅小屋"为例

蚕丛路小学综合教研组　陈星宇

STEM 教育作为一种新型教育模式,它高度关注了科学、技术、工程和数学学科教育,并将分散的学科教育集合成一个新的教育整体,通过课程改革,融合科学、技术、工程和数学学科的内容,从而培养具有综合素养能应对复杂变化的新时代公民。2017 年,《中国 STEM 教育白皮书》发布,其建议把 STEM 教育作为科教兴国的新突破点,以 STEM 教育为切入点,推动教育创新,改革人才培养模式,加强创新人才和高水平技能人才培养,发挥其对中小学教育、高等教育等多个领域的系统性影响。本研究试图从小学教育入手,在 STEM 理念指导下,应用 6E 教学模式进行课程设计与实施,以期实现学生 STEM 素养的有效培养,为小学课堂 STEM 教育的落实提供参考。

## 一、相关理论

### (一) STEM 教育

STEM 教育起源于美国,它是科学(Science)、技术(Technology)、工程(Engineering)和数学(Methematics)四个学科首字母的简称,旨在以多学科融合的方式培养学生科学探究能力和解决实际生活中问题的能力。科学是人们认识世界、观察自然、提出问题并进行实验探究的基础;技术是人类满足自身需求和改造利用环境的手段;工程式思维和问题导向是人们解决真实问题的核心;数学能帮助人们准确思考和行动的工具。研究表明,STEM 教育对学生综合素养的提升有显著成效。

### (二) 6E 教学模式

6E 教学模式是美国工程与技术学会于 2014 年为落实 STEM 教育而提出来的一种新的教学模式,分为六个教学阶段:引入(Engage)、探究(Explore)、解释（Explain）、工程（Engineer）、深化（Erich）、评价（Evaluate）。下表列出了6E教学模式的具体实施步骤。

**6E教学模式实施步骤**

| 引入（Engage） | 教师结合生活实际，创设任务情景，激发学生兴趣，学生探究真实而有意义的问题 |
|---|---|
| 探究（Explore） | 学生作为主体，在教师的引导下进行小组探究活动，目的是为学生提供一个自由探究的空间，让他们自己理解课堂活动的内容，完成建构知识，掌握活动方法和技能 |
| 解释（Explain） | 学生通过展示交流对已知知识进行强化，对存在问题进行修正，达到整合跨学科知识，建立完整科学知识体系的效果 |
| 工程（Engineer） | 学生利用工程思维过程开展课堂活动，经历一个完整的设计、建模和系统化解决问题的过程，在实践活动中更深入地理解核心概念，发展创新能力 |
| 深化（Erich） | 教师引导学生继续深入探索，将已知的知识和技能转向解决更复杂的问题，转向新的情境中去，以实现知识和技能的迁移 |
| 评价（Evaluate） | 教师和学生通过合理多样化的评价方式，来检测学生学习的效果 |

## 二、学习内容分析

教育科学出版社《科学》五年级下册第二单元第8课为《设计制作一个保温杯》，本课属于物质科学领域中的热学部分，设计保温杯的活动，一方面是对《热》单元知识的一个综合运用，另一方面也希望学生意识到科学学习是为了改善生活，服务于生活的。

在STEM理念下，本研究对《设计制作一个保温杯》一课进行改进与拓展，设计了《企鹅小屋》一课。学生需要将《光》《热》单元知识与技术、工程、数学思维相结合，在实践中创造性地解决问题，并了解科学学习能够改善生活，服务生活。

以STEM理念为理论指导，结合《义务教育小学科学课程标准》，本研究分析了本节课所包括STEM要素，具体如下表所示。

**课堂内容包含 STEM 要素分析表**

| STEM 要素 | 具体内容 |
| --- | --- |
| 科学（S） | 1. 材料与热量传递的关系<br>2. 形状结构与稳定性的关系 |
| 技术（T） | 1. 搭建企鹅小屋<br>2. 测试企鹅小屋保温性能 |
| 工程（E） | 应用工程理念进行企鹅小屋的设计、制作及改进 |
| 数学（M） | 1. 设计图绘制<br>2. 分析实验数据 |

### 三、制定基于课程标准的多维度教学目标

1. 科学概念：（1）热的不良导体可以减慢物体热量的散失。（2）空气是一种热的不良导体。

2. 过程与方法：（1）根据热传递的原理设计制作保温杯。（2）研究哪种保温方法保温效果较好。

3. 情感态度价值观：激发设计研究保温杯的兴趣，能不断进行尝试和创新。

### 四、学生情况分析

本次课我们从学生的学科知识掌握层面及 STEM 素养方面进行分析，具体分析如下：

学科知识掌握层面，学生已经完成了对教科版小学科学《光》《热》单元知识的学习，已经基本了解了材料与热传递之间的关系，大部分学生能够区别热的良导体与热的不良导体，并能够理解生活中不同场景使用不同的材料。部分学生对全球变暖趋势有一定程度的了解，但大多数学生对于能源消耗和全球变暖之间的关系不理解。

STEM 素养方面，大部分学生对于 STEM 课程概念感到陌生，跨学科解决问题的能力欠缺，很少使用工程理念解决学习和生活中遇到的问题，部分学生具有一定的创新意识，但很少将创新意识投入实践。

### 五、基于 STEM 理念的教学目标制定

以本节课的教学内容为基础，以《义务教育小学科学课程标准》及

STEM 教学理念为理论指导，结合学生的学习情况，本研究制定了本节课的 STEM 教学目标，具体如下表所示。

制定 STEM 教学目标

| STEM 要素 | 具体目标 |
| --- | --- |
| 科学（S） | 1. 认识不同材料与保温性能的关系<br>2. 认识形状结构与稳定性的关系<br>3. 了解环境变化对企鹅的影响，全球气候变暖现象与能源消耗的关系 |
| 技术（T） | 1. 掌握搭建企鹅小屋的方法<br>2. 学会测试企鹅小屋的保温性能<br>3. 感受科学技术在工程中的重要性 |
| 工程（E） | 1. 能够设计企鹅小屋，绘制设计图<br>2. 按照设计图进行企鹅小屋的搭建<br>3. 对企鹅小屋的保温性能测试并不断创新改进<br>4. 感受工程理念在解决生活实际问题上所发挥的作用 |
| 数学（M） | 1. 认识不同形状结构与稳定性的关系<br>2. 能利用数学知识绘制出切实可行的设计图<br>3. 能对实验数据进行分析，并对方案和工程进行改进 |

## 六、"企鹅小屋"课程设计与实施

全球变暖是当今世界最受关注的环境问题，全球变暖呈现越来越快的趋势，近年来南极冰川减少，冰架坍塌，南极企鹅也面临着生存危机，它们的栖息场所区域剧减，其危害可能是毁灭性的。保护企鹅就是保护生态平衡和人类的未来。本研究设立保护企鹅生存环境的背景，为此学生们作为工程师模拟进行企鹅小屋的设计和建造，让学生体验项目学习的基本流程，链接多学科知识解决实际问题，使学习更富有价值意义和现实魅力。

（一）引入（Engage）

教师先播放一段视频：许多科学家都认为地球正在变暖，并且人类活动如取暖和制冷使之恶化。全球变暖导致南极冰川逐渐融化，企鹅的生存空间大幅减少，甚至面临灭绝的危险。如何解决企鹅们的危机，除了在日常中减少能源消耗，科学家提出了另一种拯救企鹅的方法——建造企鹅小屋来帮助企鹅抵御炎热。本环节根据企鹅面临的生存困境引入建造"企鹅小屋"的工程目标，情景真实动人，激发学生内驱力，学生乐于交流、分享、探究、合作，尝试解决问题。

### （二）探究（Explore）

学生首先根据具体情境分析任务，明确探究的问题是"设计制造一座具有保温功能的企鹅小屋"，以及可能限制的条件。接下来，教师为学生提供探究活动的知识脚手架，带领学生进行基础理论知识的学习和学习材料阅读，了解生活中各种各样的保温技术，为之后的活动打下基础。教师与学生一起探讨分析以下问题：不同结构、不同材料对企鹅小屋保温效果有什么影响？学生在教师的指导下分析常见材料的导热性能，并说出它们的主要用途。接下来教师引导各组学生进行头脑风暴，思考如何提高小屋的保温性能以及检验小屋的保温效果。

### （三）解释（Explain）

教师播放介绍保温瓶保温原理的科普视频，学生分享查阅到的其他保温方法，教师对保温方法进行总结归纳。接下来学生以团队为单位分享初步设计方案，运用所学知识解释其合理性和可行性，并接受其他学生的提问和建议。通过研讨共享，促进学生进行自我反思和总结修正。教师鼓励学生合作，通过学习别人的长处完善自己。

### （四）工程（Engineer）

本环节由"设计图纸—制作小屋—检测效果"三个步骤组成。首先学生选出相应的保温材料组合，结合预算设计方案并画出设计草图。教师提醒过程中注意小屋设计图清晰，尺寸标注清楚，使用材料符合预算，制作步骤合理。然后小组展示设计草图并解释设计原理，教师针对部分设计问题提出建议，全班交流讨论后各组进一步完善设计方案。接下来各小组根据设计方案领取材料，根据设计图制作企鹅小屋，教师在巡视过程中只解答概念问题，对具体搭建过程不进行干预，强调开放的学习经历和成果。最后制作完成，各组领取冰企鹅并安置在企鹅小屋内，20分钟后，使用电子秤测量剩余冰企鹅的重量。

### （五）深化（Erich）

教师引导学生进行深入研讨交流，学生展示各组作品，并介绍作品：企鹅小屋制作的原理是什么？使用了什么材料？结构是否稳定？完成作品与初期设计是否一致？测试保温效果如何？制作过程中遇到了哪些问题？如何解决？其他小组围绕"材料选择""结构设计""成本控制"和"保温性能"四个方面对作品进行评价，并提出优化建议。学生通过研讨识别可改善的信息，并改进企鹅小屋，再次测试小屋保温效果。

## （六）评价（Evaluate）

全班共同分析实验数据，教师组织学生参观各小组的作品，结合各组展示情况，采用小组自评、小组互评及教师评价多种评价方式评出四个优秀小组。分别是：

1. 有效设计奖：授予给冰企鹅减重最少的小组。
2. 最佳完善奖：授予给从第一次测试到第二次测试改善最多的小组。
3. 最佳财政奖：授予给冰企鹅减重最少的前五名团队中成本最低的小组。
4. 人民选择奖：授予给学生投票决定的他们最喜欢的设计的小组。

教师为获奖小组颁奖，鼓励大家互相学习。接下来教师引导学生回顾总结在整个学习过程中是如何运用工程的思想解决问题的，平时我们应该如何节约能源，保护我们共同的家园——地球。学生的总结分享表明其不仅学习和融合了多学科知识，还能迁移到真实情景中，真正做到学以致用。

STEM教育为打破学科界限，链接多元知识提供了新思路。本课程"企鹅小屋"采用了6E教学模式，在STEM教育理念指导下进行了小学课程设计和实施，学生在活动过程中潜移默化地将学科知识体系融合生成，并灵活运用解决实际问题，实现了综合素质的有效培养。

# 基于 STEM 教育理念下的机器人教学实践探究

## ——以《智能防撞小车》为例

蚕丛路小学综合教研组　黄　欢

## 一、概述

### （一）研究现状简述

1. 国内 STEM 教育研究现状

我国 STEM 教育研究主要涉及对国外尤其是美国 STEM 教育研究现状的介绍、STEM 教育课程实施情况、STEM 教育在我国的应用和实践、STEM 教育理论研究等，其应用与实践研究多集中在案例分析和 STEM 教学模式的设计等方面。华南师范大学的方浩颖等人从中国首批 STEM 领航学校名单中筛选了 40 所学校并对其进行对比研究。研究结果表明，我国 STEM 教育课程开发已呈现多元化的特点，但 STEM 教育仍处于起步阶段，其课程仍然以科技创新类为主，较为单一。我国关于 STEM 的研究主要集中于理论和解释研究，关于教学设计的研究不多，结合硬件开展实践教学的更不多。

2. 国内机器人教育的研究现状

与形势发展和政策要求相呼应，国内一些城市已有一批教师和专业人员开始了在中小学引入人工智能教育教学的实践探索。根据推动力量的不同，这些实践探索大致可以分为两类，一种是中小学内部，由学校和教师发展起来的实践。比如：北京第二外国语学院附属中学在机器人设计、编程开发等过程中渗透人工智能知识的学习与动手实践。另一种是开设专门的人工智能课程。中国人民大学附属中学开发了人工智能校本课程体系，从面向全体的常规课普及教育，到部分选修的跨学科实践应用，再到少数的前沿探究，形成人工智能纵向金字塔分层课程体系。此外中国人民大学附属中学、北京市海淀区翠微小学、北京市十一学校、华南师范大学附属中学等也开设了人工智能内容的相关课程。

## （二）研究目的和意义

1. 促进机器人教育教学改革，丰富教师机器人教育教学实践经验

新都区青年教师课题"基于 STEM 教育理念下的机器人课程开发与实践研究"开题报告中课题意义一项中说道：中小学开展 STEM 教育理念下学科融合教学方式和 STEM 理念下的机器人教育的研究较少，在实证研究方面只是在表面上提出各种教学策略，但实际上较少切实落脚到学生身上，很多教师对于如何构建基于设计的 STEM 教学模式、STEM 教育核心素养，如何分析基于设计 STEM 教学对学生探究能力的影响等基本问题不甚了解。课题组从 STEM 核心素养构成出发，研究科学、技术、工程三者之间的关系，探明如何在 STEM 整合教育的框架下开展机器人教学。通过 STEM 教育理念下的机器人教学的研究，指导一线课堂教学实践，从核心理念、育人目标、课堂实施、课堂评价等方面促进机器人教育的教学改革，为更多的一线教师提供实践借鉴。作为课题组一员，丰富自己的机器人教育实践教学经验刻不容缓。

2. 促进学科融合，提高学生综合实践能力

现今，我国义务教育阶段的教育形式仍主要以单学科教学为主，忽视了学生其他方面能力的培养。学生所学各科知识大多仅能用于本科目考试，他们还很难将不同学科之间的知识互相融合利用，基于 STEM 教育理念的机器人教育课程实践研究，可以合理有效地解决这一矛盾，促进学科之间的交叉融合，提高学生应用多学科知识解决实际问题的能力，促进学生综合能力的提高。

## （三）STEM 教育简述

STEM 中的 S 代表科学（Science），T 代表技术（Technology），E 代表工程（Engineering），M 代表数学（Mathematics）。STEM 教育以提升学生利用多学科知识解决实际问题的综合能力和创新力为最终目的，促进学生进行协作学习、混合学习和深度学习。但同时，STEM 教育不是简单地将以上四类学科进行整合，而是使它们彼此之间进行有效的融合，组成为一个有机的整体，并以真实问题解决为任务驱动，在实践中应用知识、获得知识，培养学生的问题解决能力、符合思维和创新思维。

## 二、需求分析

### （一）新时代育人需求

以能力论高低的时代已然到来，学生学习能力、解决问题能力的培养已刻不容缓。如何把培养学生的能力融入到平时课堂教学中，采用什么样的教学方式、如何设计教学环节激发学生学习潜力，培养德智体美劳全面发展的

人。这与 STEM 教育理念不谋而合,而在机器人教学中,学生搭建、编程、调试、再分析问题、最后解决问题的过程,是贯穿整个学习过程,在潜移默化中,学生解决问题的能力得到提高。通过分析、搭建、调试、完成作品,思考力、逻辑思维能力都能得到很好的锻炼。在调试过程中,反复遇到困难问题是一件很正常的事情,学生通过自主探究、小组合作、向老师同学寻求帮助等方式解决困难,对学生以后在生活中勇于面对困难的能力也能得到很好的培养,并促进学生综合实践能力的提高。

### (二)学生需求

我校学生对编程兴趣很浓厚,每当在信息技术课堂开始 Scratch 单元教学时,学生的学习热情明显提高,平时上课较顽皮的学生也能够静下来倾听、思考、探究,并且整个班完成任务效率和质量明显提高。从学校开设趣味编程选修课,学生家长积极报名的状态也能看出学生很喜欢编程,家长也很支持学生学习编程。在实际教学过程中,学生和家长也总会发出疑问,为什么没有硬件,学习纯软件编程的时间越多,学生想要结合硬件学习机器人编程的呼声也越来越高。

结合硬件教学的机器人教育比 Scratch 编程教学在提高学生创新力、小组合作力、解决实际问题的能力方面更占优势,能有效促进学生综合能力的提高和发展。有研究表明,使用小学机器人编程教学策略对学生进行教学后大部分学生提升了编程学习的兴趣,取得了较好的教学效果,在一定程度上证实了小学机器人编程教学开展具有有效性。

### (三)教师需求

促进机器人教育教学改革。现教师机器人教学经验缺乏,作为新时代青年教师必须丰富实践教学经验,在实践探究中寻找适合自己,能在本校推广,能为其他教师提供有借鉴性的小学机器人教育教学模式,为新时代机器人教学改革贡献力量。

## 三、课程的设计与实现

### (一)课程计划

1. 指导思想

丰富学生学习生活,紧跟智能时代脚步,开设智能机器人课程,旨在培养学生信息素养、编程思维、动手实践能力,在学习搭建的过程中,软硬件结合教学实践提高孩子的逻辑思维能力、试错能力、专注能力以及动手解决问题的能力,培养德智体美劳全面发展的时代新人。

2. 学情分析

（1）有高昂的学习激情

实践对象为四年级和五年级的学生，通过信息技术课堂学生学习 Scratch 编程反馈和采用与学生交谈的方式，了解到孩子们对编程、智能机器人非常感兴趣，对智能机器人充满好奇，几乎 85% 以上的学生都有过体验智能电子产品的经历，一提到智能小车，玩过没玩过的孩子都能说出它的相关信息，对于如果自己可以亲身经历智能小车的设计和创作兴趣非常高昂，可以说是立刻就想开始学习实践。

（2）有 Scratch 编程经验，缺乏硬件编程经验

学校从三年级下册信息技术课堂开始开设 Scratch 编程教学，会使用图形化编程软件（Scratch）搭建简单的顺序结构、选择结构、循环结构的程序，但缺乏软硬件编程经验，没有学习过传感器的相关知识，所以在教学过程中，需要注重传感器的探究学习。

3. 教学安排

软件：慧编程

时间：社团选修课

4. 教学流程

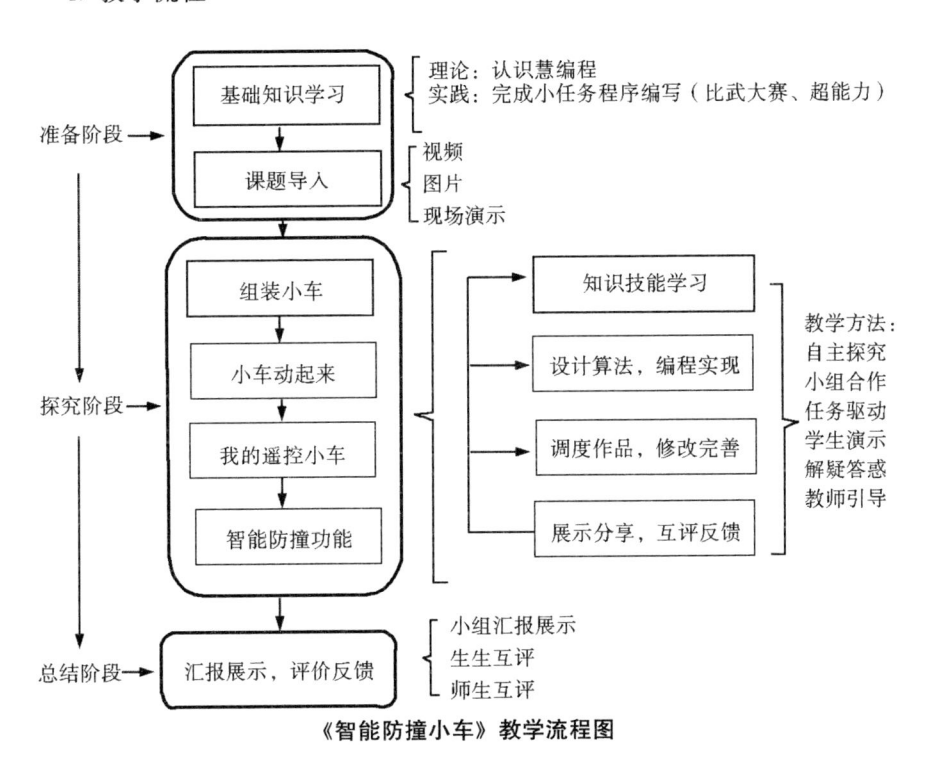

《智能防撞小车》教学流程图

## 5. 资源准备

### （1）硬件、传感器

提前准备好搭建小车的硬件及搭建图纸，和实现轮子转动的电机、防撞检测装置超声波传感器等硬件，为教学做好充分准备。

主板mCore（1）　底盘（1）　超声波传感器（1）

电机（2）　迷你辅助轮（1）　轮子（2）

**小车硬件清单及学生小车搭建过程**

### （2）学习任务单

传感器的学习是教学的重难点，采用任务单能更好地引导同学们探究传感器的作用，为后续的综合应用打下坚实的基础。

### （3）教学PPT

为顺利开展教学，引导学生探究学习，完成任务，采用图片、视频等多媒体素材展开教学，能够更加直观地引导学生学习和了解教学任务。

### （4）慧编程软件

教学前，每台学生机安装慧编程软件，学生对比Scratch学习经验，在教师的引导下完成任务小程序，熟悉慧编程操作。

### （5）多功能遥控小车

激发学生学习激情，了解教学任务及要求，教前准备好已导入程序有遥控、避障、速度调节、跟随等多功能小车，现场展示、邀请学生体验，为智能机器人教学增添一份乐趣，激发学生创造力和创新力。

## （二）课程实现

基于学情和教学内容，制定课时具体教学目标和教学重难点，再以STEM教育理念为依托，采用项目式教学，通过任务驱动、自主探究、小组合作等多种教学方法展开实际教学，由于篇幅有限，接下来以第 5 节《智能防撞功能》一节教学目标重难点的设定为例进行说明。

1. 教学目标

（1）情感态度价值观

①通过教师引导，了解超声波传感器在生活中应用的案例，培养学生观察力、想象力、创造力和发现生活科技的能力。

②通过搭建、实现小车智能防撞功能，培养学生观察、分析、解决问题的能力。

③通过小组合作、自己实践获得成功的喜悦，培养学生爱实践热爱生活的品质。

（2）过程与方法

在教学过程中，教师采用图片、视频引导学生自主探究、小组合作探究或生生互评、师生评价等教学方式，培养和提高学生的学习力、解决问题的能力、创新力等综合能力。

（3）知识技能目标

①了解超声波传感器的工作原理，和现实生活中超声波传感器的应用。

②能够通过童心派控制超声波传感器。

③知道小车防撞功能如何实现，并安装超声波传感器。

④能够借助慧编程搭建程序脚本，实现小车防撞功能。

2. 教学重难点

（1）教学重点。

①学习超声波传感器。

②学习应用积木控制传感器测距和反馈数据。

3. 教学难点

掌握超声波传感器工作原理，并通过程序进行控制。

（三）评价

评价分过程性评价和最后的展示评价，采用生生互评，答疑解惑，答辩方式。

1. 互评

分享、互评、答疑解惑。

**分享、评价要求表**

| 环节 | 要求 |
| --- | --- |
| 分享 | 作品功能介绍，实现什么功能，还有哪些功能没实现<br>亮点或者做的好的方面<br>还有哪些未解决的问题？或者解决了什么问题？是如何解决的 |
| 生生互评/<br>小组间互评 | 先说亮点或值得学习的地方<br>说可改进的地方和改进策略<br>其他组遇到的问题，我们的解决办法或想法 |
| 教师 | "答辩官"从简单的积木数据解释和搭建思路方面展开询问 |

2. 作品评价

**作品评价表**

| 序号 | 小组 | 遥控控制小车移动（3分） | 实现防撞功能（3分） | 有创新（4分） | 表达能力（2分） | 小组合作（2分） | 整体效果（1分） |
| --- | --- | --- | --- | --- | --- | --- | --- |

## 四、实践探究小结

教学实践探究是一个长久实践、积累的过程，我也深知，想要成长就要不断实践、总结，积累经验，再不断完善实践。完成这一学期的实践探究，我的收获很多，也有许多感想，接下来我将自己的实践做以下小结：

1. 打破常规教学模式，以学为中心

转变教师"教"为自主"学"。融入任务驱动、自主探究、小组合作等多种启发式教学手段，转变教师"教"为学生自主"学"，从教授者转变为学生学习活动的设计者、组织者，做学生学习力、思考力、创新力的激发者、护航者。

不仅会学，还会评。评价解惑环节由学生做主，互评解惑，每完成一个小项目，会有展示和答疑环节，以小组为单位或是派代表介绍作品，然后生生互评/小组互评，具体操作要求见"分享评价要求表"。

流程图辅助教学，把思考时间还给学生。比如在探究控制小车前进、后退、左转、右转和防撞分析环节引入流程图，学生在分析思考如何搭建程序脚本时，可以看流程图就能清晰自己的思路，不用教师示范程序搭建，把程序搭建完全交给学生，提高学生创作的空间。

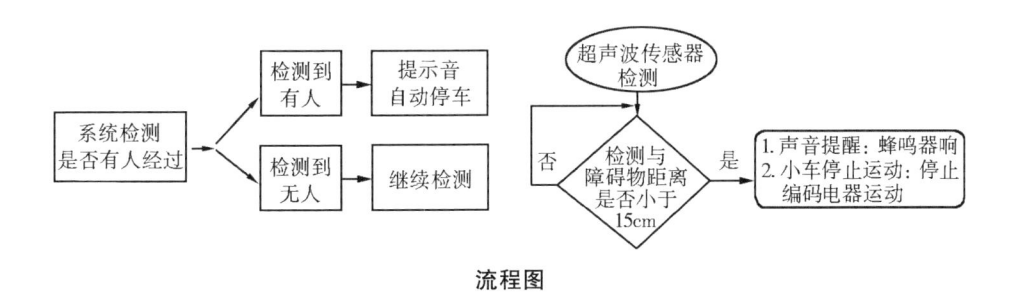

**流程图**

### 2. 变"要我学"为"我要学"

加入硬件后程序效果更直观明了，学生不用教师多引导就能轻松发现问题，然后分析、解决问题，整个过程，老师督促得少了，学生反而学得更有劲儿了，从以前的"要我学"，转变为"我要学"。

### 3. 学生德智体美劳的全面发展

调试的过程是头脑风暴的过程，学生发现问题更敏锐，分析问题更全面，解决问题更快速。比如：在最后的环节，学生发现添加了防撞功能，小车突然就不受控制了？遥控器有时能控制，有时不能控制，有时候灵敏，有时不灵敏的问题，然后分析后发现是问题出现在避障程序所放位置的原因，调整避障程序的位置，解决了这个问题，可新问题又出现了，小车停下后就不能再启动，然后再分析程序，然后解决问题，过程中，各小组会采用自主探索、小组讨论，研究解决方案或是向其他解决问题的组寻求帮助，再或者向老师寻求帮助。在这个过程中，同学们发现问题、分析问题、解决问题的能力得到培养和锻炼，与同组同学、其他组同学、与老师之间的沟通能力得到增强，不爱说话的孩子，也为解决问题，愿意开口问，能表达清楚问题，在解决问题后，同学们投来赞许的目光，再次促进积极心理，其他同学也在这样的氛围中，更加积极地思考和解决问题，同学们的思考力、逻辑思维能力、沟通能力、抗压能力等得到培养、锻炼和提高。总的来说，本节智能避障小车课程，学生应用多学科知识来解决实际问题的意识得到培养，能力得到锻炼和提高，为学生以后的学习和生活打下坚实有力的基础。

### 4. 延伸思考

扩充机器人课程实践探究。新时代背景下，除了掌握知识技能外，能力的培养更加重要，因此基于学生综合能力培养的教学模式探究也很重要。由于作者的经验不足，在教学实践中还存在很多需要改正和提高的地方，在以后的教学工作中，继续努力实践探究，充分利用"基于 STEM 教育理念下的机器人课程开发与实践研究"课题探究机会多学习多实践，不断充实自己，提高教学能力。

# 让思维之花在绘本深度阅读中绽放

## ——以执教《多维阅读》第 3 级 *Crazy Cat* 为例

蚕丛路小学综合英语组　潘　静

本文以由笔者执教的成都市绘本录像课为例子，阐述在小学英语阅读课教学中培养学生的综合语言运用能力和思维能力的实践策略。

### 一、绘本内容解读与教学分析

**（一）绘本课例分析**

本课的教学内容为多维阅读第 3 级 *Crazy Cat* 故事讲述了爸爸准备带着三个孩子要去海边冲浪玩耍，由于担心家中猫咪吵闹故将其留在家中。但猫咪也想和家人一起出游，于是偷偷藏在车顶，途中被警察发现并及时制止，最后爸爸感叹猫咪的"疯狂"举动，决定带猫咪一起出游的故事。故事运用一般过去时以记叙文四部分即发生、发展、高潮和结局进行语言组织，呈现故事情节。

**（二）解读文本，确定主题**

通过这个故事向学生传达如何在安全合理的范围内满足自己的需求的主题意义，同时让学生意识到宠物也是重要的家庭成员。

**（三）绘本教学目标的设定，以深度学习为落脚点**

绘本教学是一种比较适合小学生学习的教学方式，教师可以将绘本故事的趣味性、形象性和主题意义相融合，让学生在主题意义的引领下学习语言、运用语言，并且进行深度思考，联系自身实际深入展开对语言、意义和文化内涵的探究。

基于对教学内容和文本主题的分析，笔者预设了如下的教学目标：

（1）通过阅读、观察，合理预测故事发展，提取故事要素，获取故事大意，理解随着情节发生、发展，以及到结局时主要角色的情绪变化。

（2）在阅读、经历故事情节的起伏发展中，借助文中标点符号体会人物情绪并尝试有感情地朗读。

（3）通过独立思考及小组讨论的形式，解读角色的情绪变化，与教师一起建构 Story map 梳理故事发展脉络，尝试用文本中的语言简单复述故事。

（4）通过分析与探讨，对"疯狂"举动形成客观认识，同时理解宠物也是重要的家庭成员。

## 二、优化教学设计，探究主题意义

《普通高中英语课程标准（2017年版）》提出了指向核心素养的六要素整合的英语学习活动，旨在促进学生的深度学习。结合英语学习的活动观，教师应从主题意义探究的角度思考应该如何进行教学设计，在师生互动中体现学习的层次性，循序渐进地指导学生学习理解、应用实践、迁移创新。

本课围绕"Crazy"这一主题，通过全家出游的故事与猫咪发生的一系列故事而向学生传达如何在安全合理的范围内满足自己的需求的主题意义，同时让学生意识到宠物也是重要的家庭成员。笔者深入文本主题语境，围绕文本主题意义展开教学活动，通过一系列行之有效的教学设计和活动提升了学生的语言技能和思维品质。

### （一）读前——创设语境，激活主题，拓展思维宽度

◆片段1：在歌曲视频中引入主题

上课伊始，老师播放了关于情绪的歌曲，"I laugh when I happy. I cry when I sad."的歌曲视频，复习和感知了表情和情绪的单词通过提问"What do you see in the video?"让学生说一说这些情绪的单词复习旧知识的同时，同时也为故事的学习做了铺垫，让学生在潜移默化中关注到今天所学绘本内容中主人公的情绪的变化，引出今天的主题：Crazy Cat，同时让学生感知 Crazy 的含义，为深入挖掘主题提供必要的准备。

◆片段2：观察封面，思考预测

绘本的封面和内容情节息息相关，学生可以通过对封面的细心观察，可以对故事有一个大概的猜测和疑问。教师可以针对性地引导学生进行封面阅读，启发学生的思维，养成良好的阅读习惯。针对绘本 Crazy Cat 的封面阅读，教师做了如下引导：

T：Look! This is our story book cover page.

Q1. Can you tell me the title? S：Crazy cat.

Q2. Who's the man? S1：He is dad.

Q3. How many kids? S1：Three kids and one cat.

T：Three kids and one cat. Her name is Mimi! Let's say hello to Mimi! Mimi is saying hello to you. Mimi is in the car. She is sitting with her friends. Just like you. She is happy. But why the title is Crazy Cat? Do you want to know? OK! Let's read our book page 2 to 11，and think why the title is Crazy Cat? Let's read and think.

笔者通过片段二让学生了解了 Crazy 是疯狂的含义，而通过片段三的封面导读让学生发现这只小猫咪实际上是非常开心和愉悦的，为什么绘本的题目是疯狂的猫咪呢？利用封面所呈现的信息差制造认知冲突，引起学生的好奇心，激发学生的阅读兴趣，带着这种求知欲和探索欲，学生能够进行深度阅读和思考。

（二）读中——问题引领，探究主题，凸显思维深度

1. 快速阅读，整体感知，理解大意

通过对群文的快速浏览阅读，让学生对绘本故事有一个大概的了解。带着老师的问题，学生一边图文结合地阅读，一边思考，究竟为什么课题是 Crazy Cat。老师没有一次性给出全部答案，而是保留空间让学生继续深入学习和思考，激发学生继续学习的欲望。

2. 问题驱动，梳理细节，获取具体信息，培养学生观察和推理能力

◆片段3：引导学生去观察图上的细节

T：Look at the picture. Where are they going?

S：Going to the beach!

T：How do you know that?

S：They have got sun glasses and sun cap……

T：Yes，we know that from that shirt is very colorful. Here are diving goggles and beach mat. So they might go to the beach.

关于读图问题的设计

| 问题 | 答案 |
| --- | --- |
| Where is Mimi? | Not in the car. |
| How does she feel? | Sad. |
| Where is Mimi? | On the grass. |

续 表

| 问题 | 答案 |
| --- | --- |
| How does she feel? | Angry. |
| Where is Mimi? | On the car. |
| How does she feel? | Scared. |
| How does Dad feel? | Surprised. |

通过老师一系列的读图细节设问来帮助学生关注并推断绘本中的猫咪所处的地点及猫咪、爸爸和孩子们的情绪变化，发展深度阅读能力。

同时一系列读图细节问题链的设定也潜移默化地帮助学生养成读图应该寻找人物的地点，理解人物的动态和情绪变化，从背景环境中判断故事发生的时间和空间等信息，关注图片所强调的重要信息、关注连续图片的不同变化等信息。

3. 深度提问，启迪学生的深度思考，培养学生思维的深刻性

优质的问题可以激发与保持学生的学习兴趣，培养学生思维的逻辑性以及深刻性。本课中，教师设计了一系列巧妙的问题链，帮助学生在问题的引领下，厘清故事脉络，梳理故事情节；同时，教师通过一系列启迪式、解惑式追问来加强学生对故事的理解与体验，从而推进学生思维的深刻性。

**读中环节问题设计**

| 问题 | 问题类型 | 思维品质 |
| --- | --- | --- |
| What will dad say? | 推理性问题 | 分析与判断 |
| What will the policeman say? | 推理性问题 | 分析与判断 |
| What will dad do next? | 推理性问题 | 分析与判断 |
| Why are they so happy? | 分析性问题 | 分析与推断 |
| What does she say? | 事实性问题 | 观察与思考 |
| Where are they going? | 推理性问题 | 观察与判断 |
| Why not Dad take Mimi go to the beach? | 分析性问题 | 分析与推断 |
| Why do you think Mimi is not crazy? | 分析性问题 | 判断与创新 |

## 教学论文

◆片段4：推理性提问

Q1：Is Mimi still happy? Ss：No.

Q2：What do you think of the cat? S1：The cat is scared.

Q3：It's so dangerous. Who will come? Ss：policeman.

Q4：But why? S1：Because Mimi is on the car.

Q5：What will the policeman say?

S1：Stop!

S2：Stop the car. There is a cat.

S3：Stop! Dangerous!

S4：On my god! Cat can not on the cat!

S5：Stop! Look! A crazy cat!

◆片段5：事实性提问

Q2：Look at dad's face. Dad was so?

Ss：Surprised!

Q3：What did Mimi say?

S1：I just want to go with you!

S2：I love you and I want to go with you!

S3：I don't want to stay on the car, I want to stay in the car with you.

S4：I want to go to the beach.

S5：I want to go to the beach with the family together.

S6：I'm a lovely cat. Can I go with you?

在解读文本的过程中，教师通过三次设疑，抓住关键点，层层递进，带领学生不断探疑，解疑，引导学生对故事的内涵进行全方位的观察，理解和剖析，探究出猫咪的这种应对不满意的安排的方式是非常危险的，同时也感悟出猫咪是重要的家庭成员等内涵思想，推进学生思维的全面发展。

4. 导图绘制，提取框架

思维导图符合学生的形象思维，方便学生有效理解和学习。在学生精读故事后，笔者和学生一起绘制了关于猫咪的思维导图，帮助学生梳理故事脉络，提炼文本框架，厘清人物逻辑关系，发散学生思维。学生能够在思维导图的帮助下复述故事，运用支架语言进行拓展对话练习，从而提升语言表达能力。

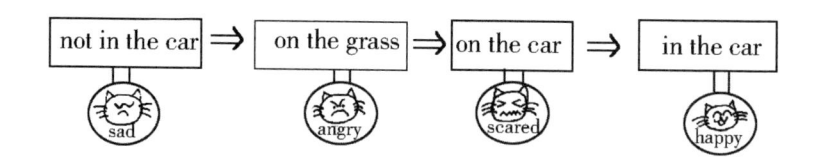

```
not in the car ⇒ on the grass ⇒ on the car ⇒ in the car
    (sad)          (angry)        (scared)      (happy)
```

### （三）读后——迁移运用，升华主题，提升思维高度

新课标提出英语课堂应该具有学习理解、应用实践和迁移创新三个思维层次。因此在引领学生巩固内化知识的同时，还要引领学生进行主题意义的迁移运用和个性化的表达，升华主题意义。

1. 角色扮演，体验主题

玩玩演演是小学生们非常喜欢的一种方式，学生们在角色扮演中，不仅可以模仿录音的语音语调，更能深刻地感受对话人物猫咪的心情和心境，与故事情境产生共鸣。在表演中加深理解和体验，进而有所感悟和思考，丰富角色语言，提升学生情感认知，提高语用的准确性和灵活性。

2. 情感共鸣，升华主题

在学生内化语言知识后，笔者又进一步引导学生挖掘故事所包含的主题意义，通过 Do you think the cat is crazy? Why? 引导学生去思考这个猫咪其实并不疯狂，猫咪是很重要的家庭成员，爸爸可能才疯狂，他没有把猫咪当成很重要的家庭成员才引发一系列的事故。

◆片段6：情感共鸣

Q1：Do you think the cat is crazy? Why?

S1：Mimi is on the cat.

Q2：Who thinks the cat is not crazy? Why?

S1：I don't think Mimi is crazy. I think dad is crazy. Dad didn't take Mimi to the beach.

接着又将文本主题意义与现实生活相关联，提问学生，如果你遇到和猫咪一样同样的情形，你能怎么办？学生结合自身知识经验进行深入思考和讨论，鼓励学生进行个性化的表达，提高学生分析问题和解决问题的能力。

◆片段7：联系生活

Q：If you have the same problem, what will you do?

S1：I will do my homework. Then maybe my dad will let me go to the zoo.

S2：I will stay at home and watch TV.

S3：I will play games with my friends.

S4：I will play computer games.

S5：I will play football with my friends.

S5：I will play with my toys.

S7：I will play with my dog.

绘本故事中都蕴含着一定的哲理和寓意，老师在教学中要敏锐地捕捉其价值取向，引导学生深入挖掘文本所承载的文化意义和价值内容，带给学生更多启示和感悟，培养学生健康、独立的人格。

## 成果推广

# 蚕丛路小学成果推广一览

## 一、国培推广

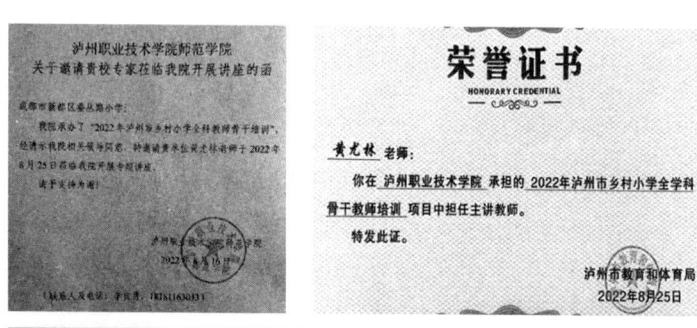

2022年8月25日,黄尤林老师在泸州职业技术学院师范学院的骨干教师培训班推广略读课文教学333模式

2022年5月26日，黄尤林老师为成都大学师范学院2020级全体同学做"激发课堂"讲座

## 二、区级推广

2022年12月8日，在全区教学质量分析大会上，李继美校长就我校的"激发课堂"课题研究阶段成果"以课堂变革实现'脱困'与'新生'"作发言，赢得领导和同行的高度评价

新都区语文校本教研成果展示一等奖合影留恋

## 三、校际推广

唐琬淋送教到利济学校

# 附 录

## 一、发表文章

1. 左　芸：《小学数学"综合与实践"的教学策略研究——以〈密铺〉为例》，发表在《民族文汇·教育与文化》2022年第50期。

2. 薛凤琴：《学会调节，"宅"出心"晴"》，载《中小学心理健康教育》2020年第4期。

3. 薛凤琴：《老师，我压抑很久了——高三学生考试焦虑辅导》，载《中小学心理健康教育》2020年第5期。

4. 吕　品：《小学语文新锐教学方法与策略探究》，载《中国教师》2021年第2期。

5. 罗嘉敏：《基于儿童视角的学力提升路径初探》，载《社会科学》2021年第2期。

6. 罗嘉敏：《浅谈在小学数学教学中如何运用信息技术优化课堂教学》，载《天天爱科学》2021年第3期。

7. 罗　斐：《以结构化知识促进深度学习的实践》，载《东南西北》2021年第4期。

8. 廖方琼：《小学英语绘本阅读教学活动设计的实践研究》，载《课程教材教法》2021年第10期。

9. 宋明洲：《基于合作意识培养下的小学体育足球教学策略》，载《中国周刊》2021年第12期。

10. 廖方琼：《利用思维导图提升小学生英语绘本阅读能力的实践研究》，载《中小学教育》2022年第1期。

11. 刘晓蓉：《"双减"背景下作业设计与管理的现状与突围》，载《中小学教育》2022年第2期。

12. 廖方琼：《单元视角下的小学英语作业优化设计》，载《中小学教育》2022年第1期。

13. 李玲玲：《五育并举下数学课堂提质增效》，载《少年科普报·科教论坛》2022 年第 1 期。

14. 杨　慧：《新时代背景下小学数学教学中渗透德育的策略初探》，载《少年智力开发报新教育论坛》2022 年第 12 期。

15. 左　芸：《小学数学"综合与实践"的教学策略研究——以〈密铺〉为例》，载《民族文汇·教育与文化》2022 年第 12 期。

16. 柳　黎：指导文章《永不停止的思念》，载《少年百科知识报》2021 年第 3 期。

17. 陈　瑶：指导文章《小寒》，载《少年百科知识报》2021 年第 3 期。

18. 吕　品：指导文章《家乡小山岭》，载《少年百科知识报》2021 年第 6 期。

19. 吕　焱：指导文章《怎样写好作文结尾（一）》，载《少年百科知识报》2021 年第 9 期。

20. 刘怀菊：指导文章《觅神奇金钥匙　启半命题之门》，载《少年百科知识报》2021 年第 11 期。

21. 陈　瑶：指导文章《冬日》，载《少年百科知识报》2022 年第 1 期。

22. 陈　瑶：指导文章《清明》，载《少年百科知识报》2022 年第 4 期。

## 二、获奖论文、案例

1. 廖方琼：《利用思维导图提升小学生英语绘本阅读能力的实践研究》（国家级一等奖）。

2. 刘晓蓉：《"双减"背景下作业设计与管理的现状与突围》（国家级一等奖）。

3. 袁丽芳：《小学语文高年级文言文教学策略举隅》（国家级一等奖）。

4. 袁丽芳：《小学语文课堂德育渗透现状及策略探究》（国家级一等奖）。

5. 左　芸：《提升数学学力的晨诵·午读·暮省实践探究》（国家级一等奖）。

6. 廖方琼：《小学英语绘本阅读教学活动设计的实践研究》（国家级一等奖）。

7. 廖方琼：《单元视角下的小学英语作业优化设计》（国家级一等奖）。

8. 罗慧玲：《新课标背景下小学英语教学中德育渗透的策略探究》（国家级一等奖）。

9. 柳　黎、王　茜：《激趣话习作——浅谈如何激发低中段小学生写作兴趣》（国家级二等奖）。

10. 陈昱蓓：《"双减"背景下学科关键能力的课堂力量》（省级特等奖）。

11. 康　锐、赖凤林：《精准服务重实效，多元课程享幸福——成都市新都区蚕丛路小学校课后服务实施方案》（省教科院一等奖）。

12. 袁丽芳：《用"心"向阳生长》（市级一等奖）。

13. 袁　粹：《遇见线段图》（市级一等奖）。

14. 罗慧玲：《小学英语教学中德育渗透的基本策略》（市级一等奖）。

15. 袁丽芳：《"疫"起成长，共筑未来——疫情背景下线上学生心理健康教育活动实践研究》（市级二等奖）。

16. 罗　斐：《不卑不亢　向阳而生　疫情背景下，家校共育，改善孩子自卑心理案例研究》（市级二等奖）。

17. 康　锐：《关于二胎家庭中"大宝"心理引导研究》（市级二等奖）。

18. 陈昱桦：《如何在小学数学教学中渗透心理健康教育》（市级二等奖）。

19. 吕　品：《新冠疫情背景下的小学毕业班学生心理健康教育策略》（市级二等奖）。

20. 薛凤琴：《学会调节，"宅"出心"晴"》（市级二等奖）。

21. 熊　君：《直面学习的困难》（市级二等奖）。

22. 冷兰兰：《"双减"背景下的小学美术高效课堂初探——以蚕丛路小学中高段为例》（市级二等奖）。

23. 李鹏源：《基于STEM的小学科学校本课程实施方案》（市级二等奖）。

24. 罗　斐：《数学思想方法结构化知识促进学生深度学习》（市级二等奖）。

25. 吕　品：《特别的爱给特别的你》（市级二等奖）。

26. 刘　佳：《小学数学教学中渗透德育教育的思考——以"分扣子"为例》（市级二等奖）。

27. 柳　黎：《聚焦"双减"探索单元新思路》（区级特等奖）。

28. 许若云：《培养学生的批判性思维促进深度学习》（区级一等奖）。

29. 邓艳艳：《深度教学实践探究下的教与学——以图形与几何教学为例》（区级一等奖）。

30. 张　芳：《深度学习背景下"画图想方位，发展空间观念"的策略研究》（区级一等奖）。

31. 宋　晶：《通过巧设问题，促进学生深度学习的实施措施》（区级一等奖）。

32. 应冰琪：《小学数学深度学习的初步实践与困境解决》（区级一等奖）。

33. 刘　佳：《深度学习背景下小学生数学隐性学力的培养》（区级一等奖）。

34. 李玲玲：《感悟数学思想·明晰知识结构》（区级一等奖）。

35. 杨　平：《深度教学下的小学数学课堂教学》（区级一等奖）。

36. 肖苏娟：《小学数学教学中肢体语言促进学生深度教学的实践》（区级一等奖）。

37. 王燕云：《点亮生命中的那道光》（区级一等奖）。

38. 王　曦、杨　平、肖苏娟：《疫情下在线教育策略之提高学生学习积极性的探索》（区级一等奖）。

39. 左　芸：《核心素养背景下的小学数学学力培养路径初探》（区级一等奖）。

40. 陈昱蓓：《小学语文低段"部编版"教材儿童本位表现形式的研究》（区级一等奖）。

41. 杨　甜：《害羞鬼蜕变记》（区级一等奖）。

42. 宋　晶：《疫情之中"家校共育"的一点感悟》（区级一等奖）。

43. 许若云：《我们的爱不"隔离"》（区级一等奖）。

44. 王　曦：《多维评价，助推学生关键学力发展》（区级一等奖）。

45. 宋明洲：《小学足球分段进阶在水平一二段的实践研究》（区级一等奖）。

46. 王燕云：《"激发课堂"教学模式构建的实践研究》（区级一等奖）。

47. 刘晓蓉：《优化作业设计促师生减负提质》（区级一等奖）。

48. 王　茜：《部编版小学语文三年级下第二单单元鉴体作业设计》（区级一等奖）。

49. 陶　娇　何　叶：《边读边想象："镇定"一词》（区级一等奖）。

50. 赵　鑫　曹翠莲　谭金凤：《部编版小学语文一年级下册第五单元整

体作业设计》(区级一等奖)。

52. 陈虞萍、宿雪:《理解"曹冲称象办法好的逆向教学思维"》(区级一等奖)。

52. 刘怀菊:《漫游习作世界:巧寻观察法,抒写妙文章》(区级一等奖)。

53. 刘依林、唐婷骄:《情景教学法:〈青蛙写诗〉》(区级一等奖)。

54. 陶娇:《情境式教学:沉"醉"天门山》(区级一等奖)。

55. 李秀、李杨:《生生合作是教学"法宝"》(区级一等奖)。

56. 陈虞萍、宿雪:《统编版小学语文二(下)七单元整体作业设计》(区级一等奖)。

57. 唐婷骄、唐琬淋、杨瑶:《统编版小学语文一年级下册第一单元整体作业设计》(区级一等奖)。

58. 何叶:《寻多彩之秋,觅素养之果——三年级上册第二单元》(区级一等奖)。

59. 邹莲:《预测,让教学充满乐趣》(区级一等奖)。

60. 刘琦:《运用多种方法理解词语:"明朗"一词》(区级一等奖)。

61. 唐琬淋:《画话提升低段学生写话能力的实践研究》(区级一等奖)。

62. 吕焱:《基于现代学校制度的教师发展学校建设研究》(区级一等奖)。

63. 许若云、袁粹:《融合创新应用教学案例——遇见线段图》(区级一等奖)。

64. 罗斐:《多维评价,助推学生关键学力发展》(区级一等奖)。

65. 杨慧:《基于"学力生长"视角的小学数学实践研究》(区级一等奖)。

66. 吕焱:《"双减"背景下美术高效课堂的实践与研究——以小学中高段为例》(区级一等奖)。

67. 肖苏娟:《初探大单元角度下小学数学教学的思考——以"认识小数"为例》(区级一等奖)。

68. 赖凤林、郭雪:《单元整体教学视域下培养学生量感的教学探索——以〈课桌有多长〉为例》》(区级一等奖)。

69. 杨慧:《关于促进小学生数学运算能力的思考——以〈可爱的小

猫〉一课为例》(区级一等奖)。

70. 罗　斐:《关注本质　把握整体——以"乘法分配律"为例》(区级一等奖)。

71. 李玲玲:《核心素养导向下深联单元教学的结构化教学设计》(区级一等奖)。

72. 赖凤林、郭　雪:《核心素养视域下培养学生量感的教学探索——以〈课桌有多长〉为例》(区级一等奖)。

73. 赖凤林、付先业:《基于多元表征的儿童数学语言表达能力培养探究》(区级一等奖)。

74. 罗　斐、吕　焱:《基于现代学校制度的教师发展学校建设实践与研究》(区级一等奖)。

75. 左　芸:《五育并举下小学数学预·主·拓课堂模式实践研究——以〈密铺〉为例》(区级一等奖)。

76. 唐　珊:《小学语文高段整本书阅读教学模式探究》(区级一等奖)。

77. 郭　雪、袁　粹:《研究报告:基于多元表征的儿童数学语言表达能力培养探究》(区级一等奖)。

78. 宋　晶:《以推理为本的计算课堂初探——以北师大版五上〈精打细算〉(除数是整数的小数除法)为例》(区级一等奖)。

79. 陈　瑶:《偏爱你》(全国一等奖)。

### 三、获奖赛课

1. 廖方琼:2021年省级说课赛课《黑猫英语分级读物:莫格利学游泳》(省级一等奖)。

2. 周　彤:2021年市级视频精品课赛课《花儿为什么这样红》(市级三等奖)。

3. 唐琬淋:2021年市级视频精品课赛课《青山不老》(市级二等奖)。

4. 唐　珊:2020年区级视频精品课赛课《买东西的学问》(区级特等奖)。

5. 吕　焱:2020年区级视频精品课赛课《一块奶酪》(区级一等奖)。

6. 廖方琼:2022年区级视频精品课赛课《Unit1 My Neighbourhood Lesson2》(区级特等奖)。

7. 李瑞琦：2022 年区级视频精品课赛课《田径——快速跑》（区级特等奖）。

8. 杨圆圆：2022 年区级视频精品课赛课《我是小音乐家》（区级一等奖）。

9. 王　茜：2022 年区级视频精品课赛课《小书包大世界》（区级一等奖）。

10. 杨　平：2022 年区级视频精品课赛课《小足球：脚内侧传球》（区级一等奖）。

11. 唐琬淋：2022 年区级视频精品课赛课《我的自画像》（区级一等奖）。

12. 李柏苇：2022 年区级视频精品课赛课《蚕丛娃逛青羊宫》（区级一等奖）。

13. 左　芸：2020 年区级说课赛课《确定位置》（区级一等奖）。

14. 黄　欢：2020 年区级说课赛课《上档字符的输入》（区级一等奖）。

15. 许江莉、刘　佳、杨　慧：2021 年区级微课赛课《两位数减一位数的退位减法》（区级一等奖）。

16. 向　微：2021 年区级微课赛课《羊村闯关（填数游戏）》（区级一等奖）。

17. 李柏苇、杨圆圆：2020 年区级现场赛课《川腔蜀韵》（区级特等奖）。

18. 刘晓蓉：2022 年区级现场赛课《Hot pot》（区级一等奖）。

19. 罗　斐：2021 年区级现场赛课《分数乘法——分数乘整数》（区级一等奖）。

20. 陈星宇：2021 年区级现场赛课《月相变化的规律》（区级一等奖）。

## 四、区级公开课展示

1. 郑旭哲、黄　欢：2022 年提供市级公开课《巡线策略》。

2. 宋　晶：2020 年提供区级公开课《秋游》。

3. 黄　欢：2020 年提供区级公开课《scratch 神奇魔法》。

4. 张　芳：2021 年提供区级公开课《分数乘法（一）——试一试》。

5. 陈　静：2021 年提供区级公开课《买文具》。

6. 倪　婷：2021 年提供区级公开课《体验式情境习作策略探究——以记一次游戏为例》。

7. 吕　品、陈　瑶：2021年提供区级公开课《祖父的园子》。

8. 陈　瑶：2021年提供区级公开课《祖父的园子》。

9. 郑旭哲：2021年提供区级公开课《智能垃圾桶认识传感器》。

10. 李玲玲、陈昱桦：2021年提供区级公开课《探秘分数》。

11. 应冰琪：2021年提供区级公开课《小树有多少棵》。

12. 袁丽芳：2022年提供区级公开课《儿童视角下的起步作文策略初探》。

13. 冷兰兰：2022年提供区级公开课《威武的盾牌》。

14. 唐琬淋：2022年提供区级公开课《清单式评改在四年级的应用策略》。

15. 左　芸：2022年提供区级公开课《密铺》。

16. 李晟婷：2022年提供区级公开课《星光恰恰恰》。

17. 李柏苇：2022年提供区级公开课《森林狂想曲》。

# 追问"激"与"发" 追寻"智"与"慧"

## ——"激发课堂"的未来朝向

（代后记）

课堂是育人的主阵地，课堂质量是育人的灵魂，深化"激发课堂"研究，由"教"的设计走向"学"的设计，未来5年，蚕丛路小学的课堂改革唱响的主旋律是"核心素养导向的学科实践育人研究"，将"学科实践育人"研究推向纵深，助推师生实现智教慧学，进一步促进核心素养发展。

### 一、回归儿童立场

成尚荣先生指出："儿童立场是由教育的本质和主旨所规定的，儿童立场是真正的教育、良好教育的鲜明标志和成功的根本动因。""激发课堂"着眼于培养"未来的建设者和接班人"，尤其关注儿童视角，站在儿童立场，遵循儿童规律。高度强调学生课堂上自主学习权、话语权、质疑权、展示权、选择权的回归，聚焦学生发展，对"观察、倾听、思考、表达、合作"五项基础学力予以重点发掘，为学生课堂学习留下足够的时间，课堂教学起点从"教"转向"学"，使学生真正成为课堂的主人。

## 二、坚持"四主"原则

"学生主体"：一切以学生为主，把课堂的时间交给学生，充分调动学生的积极性、主动性，培养学生良好的学习素养，让学生学会自主学习、合作学习，有积极的学习态度，主动与他人合作的精神。

"教师主导"：转变教师的角色。在引导、指导、帮助上下功夫。教师要精讲，教学中的知识点、重点、难点、关键点要讲清楚，讲明白。学生自己能够解决的，学生自己能够说明白，理解透的可以不讲。讲一定要恰到好处，一堂课可以多讲，也可以少讲，多讲是学生自学不了了要多讲。也可以让学生来讲，让学生成为学生的小老师，教师的小助手。

"训练主线"：训练要贯穿课堂教学的始终，可以小练，也可以集中练，但是必须得练习。一堂课教师讲得过多，学生练得太少，课堂上练得好不好，可以反映出教师备课备得是否充分。只有精心准备，才会使学生练得充分。

"思维主轴"：原点0以思维连接主体、主导、主线三轴，语言是外化的思维，思维是智力的核心，核心素养指向学生的思维，师生之间、生生之间以思维链接，尤其注重培养学生的批判性思维。

## 三、坚守教学常规

"激发课堂"模式就是让学生"先学"，然后进行自我"展示"，由"预学—展学—评学"三重境界组成课堂流程。

### （一）预学常规

"预学"让学生从"无准备"到"有准备"。在"预学"中，教师设计好预学作业，学生完成预学作业，让学生有准备地参与学习；教师在批阅学生"预学"作业中判断学情，更加精准地设定"学习目标"，实现精准打击，提高学习效率。

预学的一般方法：一看——仔细阅读教材，边读边笔记，重点用"·"标识，难点加"▲"标识，疑点用"?"标识。二想——边看边想，提出自己真正不理解的真实问题，记录下来，作为课堂质疑的依据。三试——尝试着做做练习、课后习题、自主命题等，培养良好的预学习惯。四评——对自己的预学过程进行自评，合格打"√"，不合格打"×"，优秀打"★"。

(二) 展学常规

"展学"让学生从"被动接受"到"主动展示"。"展学"就是展示所学，展示自己的预学成果，表述或呈现自己的思考或者疑惑。教师倾听学生的"展学"，筛选、聚焦、整合学生的疑难问题，形成课堂突出的重点或突破的难点。

在"展学"中，先建立学习共同体，4~6人为一个小组，由组长、主讲员、记录员、板演员和小结员组成，学生有备而来，有序而展，展的内容分为基础性知识、探究性内容、疑难性内容、开放性内容、延展性内容；展的方式有组内展示、板演展示、大组展示、操作展示等。学生各司其职，各负其责，定期变更角色，得到全方位锻炼。规范使用"我同意，但我还有补充""我反对，因为……"等常用语，形成课堂展学的思辨氛围。

(三) 评学常规

"评学"从"教师评价"到"教师引导学生评价"。"评学"为"激发课堂"护航，通过激励性评价，引导学生相互评、解释评、补充评、质疑评、延伸评等方式，满足学生成功体验。

"激发课堂"更加注重学生参与练习设计，或模仿教材出题，或模仿监测出题，或创新出题，有效调动学生的积极性。

### (四) 时间常规

传统课堂教师讲解 20 分钟，学生参与 10 分钟，练习 10 分钟。"激发课堂"先让学生预学 10 分钟，展示 10 分钟，师生评学 10 分钟，最后练习 10 分钟，让学生从被动的"喂"发展为主动地"吃"，根本性改变课堂生态。

### (五) 督导常规

学校将出台课堂教学改革监督、评价机制。主要从以下几个方面进行监督评价：一是教师参与课改的态度；二是教师课堂教学情况；三是教师学习参加活动情况；四是学生抽测、质量检测情况；五是教师对课改的反思改进情况；六是统考学科教师成绩达标情况。对于课改考评不达标的教师，不评优，缓晋级。

### (六) 激励常规

出台课堂教学改革奖励机制。一、评选课改先进个人若干名。课改先进个人证书与系统证书一同对待。二、评选学科优秀教师。学科优秀教师必须有自己的课堂教学模式，并且能够在全校进行推广，课堂教学质量好，学生成绩高。三、评选课改优秀课例，教学设计。召开课改工作经验交流会，课改工作展示会。对课改工作作出突出贡献的领导、教师进行表彰奖励。学校将每年将拿出一定的经费用于课堂教学改革工作。

## 四、探寻激发策略

继续追问"激"与"发"，追寻"智"与"慧"，从理念到行动，一步一个脚印，坚定前行，完善、完整、科学、符合国家意志时代要求、具有本校特质的"激发课堂"备课体系、上课体系、评价体系、保障体系，重构"激发课堂"，从规范走向典范。

### (一) 探寻"激"的策略

问题是思维的起点，走到学生中间去，关注"自主学习单"，获得真实的学习起点，了解"最近发展区"，促进学生主动学习，是生长课堂的催化剂。

1. 激在"起点探寻处"

要把学生引向哪里，首先要知道学生现在在哪里？了解学生的真实起点，顺学而导，让教学更加有效。

2. 激在"疑点困惑处"

把握教学重点、突破教学难点，学生的疑难困惑处往往就是重点、难点处，教师如何激发学生兴趣，引导学生在合作探究中解决问题，有效突破难点，提升学生学习力。

3. 激在"理解歧义处"

在自学过程中，难免产生容易产生歧义的地方，怎样发挥学生潜能，进行深度思考，为课堂学习展示奠定基础。

(二) 总结"发"的策略

1. 有目标

导航仪：明确学习目标是什么？为什么学？学到什么程度？

2. 有方法

小组合作式、项目主题式、探究引领式、课堂可视化、学科梳理周、跨学科统整……

(1) 发现问题，自主学习

精心设计"自主学习单"，进行个性化学习，发现疑惑点、兴趣点、易错点，提出自己不能解决的问题。

(2) 筛选问题，合作探究

对"自主学习单"进行归类，小组要和师生共同协商，筛选最有价值、最值得共同深度探究的问题形成"任务链"，先自主进行个性化学习、探究理解、自主建构，然后通过生生、生本、师生多元对话，解决问题。

(3) 交流展示，解决问题

梳理解决问题的思路，学不会的巧导精练，学不深的进行深度引领，教师要在关键处、难点处、兴趣处、矛盾处、歧义处顺学而导，巧导精导，让学生思维处于一种兴奋状态，呈现奇思妙想，真正发挥聪明才智。

(4) 领悟方法，迁移运用

"教是为了不教"是叶圣陶的教育理念，师生共同小结方法，每个同学都参与自主、合作、探究的学习体验，实现了学习的个性化，学会得法得道，学以致用。

3. 有深度

布鲁姆在《教育目标分类学》将认知领域学习目标分为"记忆、理解、应用、分析、评价和创造"六个层次，深度学习的目标指向高阶思维发展和问题解决，关键能力指向批判质疑、创新思维能力等，遵循身心规律，聚焦学生兴趣，重视高阶思维的深度学习。

### 五、构建评价体系

行政实行包年级包学科负责制，对分管学科教师的"激发课堂"予以全程跟踪指导，将跟踪情况反馈课程与教学中心统筹，定期邀请成都大学教授或教研培中心专家定期到校视导课堂，做到"问题说透""策略给够"，使新教师近距离对话专家，零距离接受指导，提升新教师的"激发课堂"操作技能。

(一) 以"过程评价"促进学生主动学习

"激发课堂"尤其关注学生的主体地位，注重评价学生的学习兴趣是否浓厚？求知欲望是否强烈？学生的学习力、创造力、表达力等关键能力是否得到彰显？课堂的重点、难点、关键点是否是根据学生在"预学"中提出的问题来确定的？学生展示过程中的质疑、讨论是否真正落实？学生的主体地位是否真正确保？

1. "预学"自我评价，梳理诊断困惑

学生预学完成肤浅，缺乏独立研究的学习能力，引导学生进行自我对话：我掌握了什么？我的方法是什么？我有什么困难（疑惑）？问题的症结在哪里？

2. "展学"互助评价，借鉴吸纳方法

客观地分析同伴提供的思维价值，敏锐地发现同伴学习过程中的问题，根据自己的学习经验进行反思总结：我的疑问是……我的补充是……我的发现是……我要提醒的是……我反驳，因为……教师引导学生思维不断深化。

3. "评学"引导评价，完善提升水平

著名学者成尚荣先生指出："学为中心，并不意味着学代替教，学与教缺一不可。"践行核心素养导向的学科实践育人研究，实现学生的"学"与老师的"导"的深度融合，营造开放的真实学习环境，确定素养导向的学习目标，设计挑战性的学习活动，开展引领性的助学活动，实施持续性的学习评价，达成可视化的学习效果。

(二) 以"发展评价"引领教师主动成长

"激发课堂"更加突出教师的主导作用，无论是预学的设计，还是展示反馈，教师都要随机应变，及时调整。评价主体是由全校16个教师发展共同体中的"激发课堂"团队担任，对教师的激发欲望、激活潜能、激荡思维、激励评价分别给予发展性评价，目的不在评价分数的高低，而在于基于发展的"1（一个优势）+1（一点不足）+1（一项策略）"评价，重点关注教师的成长进程。

(三) 以"引导评价"确保课堂质量提升

"激发课堂"注重"四备""三思"，"四备"指"个人构思"

"集体备课""修改个案""先听后上"四次备课;"三思"指"集备交流""教学后记""课例提升"三次反思。从成功中提炼生长点,从问题中收集研究点,寻觅支撑点,寻求突破点,保障教学研究的真实发生,有效促进教师的专业发展,保证"激发课堂"行动研究的质量。

"一个人走得快,一群人走得远。"尺码相同的蚕小人,将在蚕丛路488号这块教育沃土上,行稳致远,教学思想尚在形成,教学行为还须变革,我们将在碰撞中实践,在实践中反思,在反思中达成,在达成中分享,在分享中成长,继续用工匠精神打磨课堂,让蚕小的每节课在精细中出彩,让蚕小教师的风采在每节课中闪耀,真正成为一所学生喜欢、教师幸福、家长满意、社会认可、人人向往的理想学校。

播下理想、热情和汗水,收获阳光、鲜花和果实,困惑的目光明澈成冬日的泉水,停滞的脚步快捷成清爽的长风,蚕小人一定会破茧成蝶,幸福花开!

李继美<br>2023 年 2 月 28 日